Harri Kuisti

Usko ja järki

Kustantaja: BoD • Books on Demand GmbH, Helsinki,

Suomi

Kirjapaino: Libri Plureos GmbH, Hampuri, Saksa

ISBN: 978-952-80-8200-2

Olkaa älykkäät kuin käärmeet ja viattomat kuin kyyhkyset.

Jeesus

Jumala ei ole kaukana yhdestäkään meistä: hänessä me elämme, liikumme ja olemme.

Paavali

1. Aivot on tehty käytettäviksi

Myönnän olevani ns. Excel-kristitty, jollaiseksi eräs pastori nimitti jalat maassa olevia ja hurmahenkisyyttä vierastavia uskovia. Minun on vaikea estää aivojani osallistumasta tähän uskoksi kutsuttuun uhkayritykseen, enkä sitä edes yritä.

Tiedostan toki, että maailma ei pyöri minun ympärilläni, ei tarvitse mihinkään minun kykyäni ymmärtää eikä varsinkaan jää odottamaan minun hyväksyntääni syöksyessään eteenpäin käsittämättömyydestä toiseen.

Vielä vähemmän Maailmankaikkeuden Luoja on rakentanut mitään sen varaan, että minä heiveröisillä aivoillani tekisin kirjoituspöytäni takana filosofisen läpimurron tai edes yhden ohi kiitävän hetken tavoittaisin jotain siitä, mitä Kaikkivaltiaan mielessä on nyt, aina ja ikuisesti.

Tiedän siis paikkani ihmisenä ja siihen liittyvät rajoitukset, mutta silti uskon Jumalan luoneen minut omaksi kuvakseen. Se tarkoittaa käsitykseni mukaan sitä, että minulla on oikeus ja jopa velvollisuuskin käyttää sitä ajattelukykyä, joka minulla on.

En suinkaan tarkoita sitä, että ymmärrykseni ylittäisi edes keskimääräisen inhimillisen tason, puhumattakaan siitä, että olisin erityisen älykäs. Vierastan kuitenkin kaikissa ihmisryhmissä (ei vain uskovissa) toisinaan esiintyvää asennetta, joka edellyttää erilaisten näkökohtien, käsitysten ja uskomusten hyväksymistä sellaisinaan, ilman niiden kriittistä pohdintaa.

Tässä kirjassa olen pyrkinyt tarkastelemaan erilaisia vastaani tulleita kysymyksiä, uskomuksia ja ajatusmalleja mahdollisimman avoimesti, ilman että tarkoitukseni on loukata tai painostaa niitä, jotka uskovat jollain muulla tavalla.

Lukuun ottamatta ensimmäistä ja mielestäni kristinuskon keskeisintä sisältöä käsittelevää tekstiäni (otsikolla "Pelastussuunnitelma") en ole yrittänyt asettaa tuotoksiani mihinkään tärkeysjärjestykseen. Olen vain antanut ajatusteni lentää, ja toivon niiden matkaavan edelleen kirjan sivuilta jonnekin, minne ihmisen ajatukset voivat leijailla.

Korkeuksiin tekstieni ei tarvitse nousta, ja luulenpa näidenkin sanojen olleen tuttuja siellä jo ennestään. Siellä, missä mikään inhimillinenkään ei ole vierasta. Siellä, missä armo keksittiin, suvaitaan varmaankin yhden ihmisen pohdintoja silloinkin, kun niissä on yritystä enemmän kuin ymmärrystä ja tietämättömyyttä runsaammin kuin totuutta.

4

2. Pelastussuunnitelma

Jumala suunnitteli kaiken. Voisin alkaa ja päättää tämän luvun tuolla yhdellä väitteellä, mutta yritän silti kuvata tapahtumia ja asetelmia tarkemmin. Kaiken takana on silti yksi ja sama Kaikkivaltias, joka on tehnyt ihmiskunnan historian aikana koko joukon minulle käsittämättömiä siirtoja päästäkseen ihmismielen ulottumattomissa oleviin päämääriin.

Luojan kauan sitten käynnistämä prosessi on kaiken lisäksi vielä kesken, sillä tähän kaikkea muuta kuin valmiiseen maailmaan syntyy jatkuvasti uusia ihmisiä, jotka vähintäänkin itsereflektiokykynsä huippuhetkinä tietävät olevansa epätäydellisiä.

Juuri epätäydellisyys on ihmisen osa. Ainoastaan täydellisen typeryytensä hetkellä joku voi olla näkemättä omaa vajaamittaisuuttaan, ja vain 2-vuotias saattaa pitää itseään kaikkivaltiaana.

En usko, että ihmisestä tulee ikinä täydellistä, kuten Jumala on täydellinen, kaikkivaltias ja kaikkitietävä, sillä Luoja ei ole tarkoittanut ihmisen ikinä muuttuvan Jumalaksi. Sellainen lopputulos olisi täysin mieletön ja mahdoton saavuttaa. Sellainen ei mitenkään voi olla Jumalan laatiman pelastussuunnitelman sisältönä.

Miksi sitten ihmisestä ei voi tulla Jumalaa? Tämä kysymys on järjetön, jos mietitään sitä, millainen Jumala on. Jumalaan voidaan ihmisen ajattelussa liittää monenlaisia ominaisuuksia, ja yksi niistä on se, että hän on ollut aina samanlainen eikä muutu koskaan.

Jumalaksi ei kukaan tai mikään voi muuttua, sillä silloinhan olisi tapahtunut vähintäänkin tämä yksi muutos.

Jumalaksi ei siis muututa eikä sellaiseksi synnytä, sillä hän on ollut aina olemassa. Ihminen on kuitenkin saanut alkunsa tietyllä hetkellä ja syntynyt kuukausia myöhemmin tarkasti tunnettuna päivänä enintään muutaman tunnin sisällä. Ihminen siis syntyy ja muuttuu sen jälkeen koko ajan. Tämä on kaikille ilmeistä, mutta olennaisinta onkin se, millaiseksi ihminen muuttuu. Kaikkivaltias laati pelastussuunnitelman juuri tämän muutosprosessin hallitsemiseksi, ei luodakseen itsensä kanssa kilpailevia olentoja, jotka vastoin parempaa tietoa kuvittelevat olevansa jumalia.

Luoja olisi toki halutessaan voinut tehdä ihmisistä sellaisia, jotka luulevat olleensa aina olemassa, mutta sellaiset jumalat eivät ainakaan olisi kaikkitietäviä, koska eivät tietäisi totuutta edes itsestään.

Uskon, että ihmisestä voi tulla täydellinen vain yhdessä merkityksessä: Hän voi muuttua täydelliseksi ihmiseksi. Mitä se sitten tarkoittaa? Minusta sitä, että hän tietää ja tunnustaa täydellisesti totuuden itsestään: Hän on olemassa vain siksi, että Jumala on hänet luonut, ja hän on täysin Luojastaan riippuvainen.

Raamatun alussa kerrotaan maailman luomisesta ja siitä, kuinka kaikki oli aluksi täydellistä. Lapsena en edes miettinyt asiaa tarkemmin, mutta minulle muodostui mielikuva, että maailma luotiin viikossa, ja ensimmäinen ihmispari lankesi syntiin viimeistään toisen viikon aikana. Maailma ja ihminen kuitenkin pysyivät täydellisinä ehkä pitkäänkin, vaikka totaalisesta romahduksesta kerrotaankin jo Raamatun kolmannessa luvussa.

Ei ole oleellista, miten pitkän ajanjakson Raamatun ensimmäiset kolme lukua kattavat. Keskeistä on tietää se, että suuri katastrofi tapahtui kolmannessa luvussa ja Raamatun loput luvut kertovat siitä, miten syntynyt sotku siivotaan ja kuinka jälkipyykki pestään.

Toisin sanoen Raamatun ensimmäiset kolme lukua perustelevat sen, miksi ihminen ja maailma täytyy pelastaa, ja sen jälkeen kerrotaan, miten se tehdään.

Tässä kohdassa Excel-kristityn on pakko kysyä: Eikö kaikkitietävä Jumala nähnyt jo ennakolta, miten vaarallista oli antaa ihmiselle valinnan vapaus? Eikö hän tiennyt, että ihminen valitsisi väärin?

Ihmisetkin tietävät, että jonkin vastikään rakennetun sillan kaiteiden taakse ahtautuu miesjoukko uistimineen pian sen jälkeen, kun paikalle on tuotu kalastamisen kieltävä kyltti. Luojankin täytyi tietää, että kielto syödä yhden tietyn puun hedelmiä teki juuri kyseisestä puusta kiinnostavan.

Saatan sieluni silmin nähdä, kuinka Aadam ja Eeva ensin kiersivät puun kaukaa loivin kaartein, mutta vähitellen jokin selittämätön voima sai heidät kävelemään uteliaina lähemmäksi ja myöhemmin pyörimään sen ympärillä päivittäin. Mahdollisesti heidän paljaat jalkansa kuluttivat aikojen kuluessa puun ympärille polun, ennen kuin Eeva lopulta ojensi kätensä ja tarttui hedelmään.

Eikö Jumala tiennyt, mitä tulisi tapahtumaan? Tähän voi olla ainakin kaksi vastausta sen mukaan, mihin täydellisyyteen laittaa enemmän painoa. Voi ensinnäkin ajatella, että täydellisen kaikkitietävä Jumala näki jo ennakolta katastrofin olevan tulossa. Voi toisaalta pitää mahdollisena, että Luoja onnistui niin täydellisesti pyrkimyksessään luoda ihmiselle vapaa tahto, että hänkään ei kyennyt olemaan varma lopputuloksesta.

Pidän jälkimmäistä vaihtoehtoa uskottavampana, sillä Jumalalle oli täysin mahdollista luoda ihminen sellaiseksi kuin halusi. Jos hän olisi nähnyt tietynlaiseksi luodun ihmisen valitsevan 100 %:n varmuudella väärin, hän olisi käytännössä pakottanut ihmisen lankeamaan syntiin, jos olisi tehnyt ihmisen sellaiseksi.

Luulen, että Jumala loi ihmisen valitsemaan vapaasti eikä siten voinut olla varma siitä, mitä ihminen tekisi. Tilanne muistuttaa sitä, kun mies lähettää naiselle rakkauskirjeen eikä voi tietää, miten tämä vastaa.

Mies haluaa, että nainen vastaa miehen kannalta suotuisasti omasta vapaasta tahdostaan. Jos hän on miljonääri, hän ei halua, että nainen valitsee hänet vain siitä syystä. Mies tahtoo naisen rakastavan häntä, vaikka hän olisi tyhjätasku. Jos hän olisi mentalisti tai hypnotisoija, hän ei haluaisi manipuloida naista rakastamaan itseään. Mies haluaa tulla naisen valitsemaksi tämän ollessa täysin vapaa valinnassaan.

Kaikkitietävä ja ajan ulkopuolella elävä Jumala ehkä näkee samanaikaisesti kaikkien vapaiden valintojen lopputulokset ja niiden kaikki kombinaatiot ja tekee rakastamansa ihmisen hyväksi kaikissa niissä sellaisia tekoja, jotka auttavat ihmistä mutta eivät kavenna tämän valintojen vapautta.

On mahdollista, että Jumalan ajattomassa todellisuudessa on sellainenkin vapaiden valintojen puun oksanhaara, jossa Aadam ja Eeva lapsineen elävät ikuisesti onnellisina ja valitsevat kerta toisensa jälkeen oikein eivätkä ikinä lankea syntiin. Tiedän, etten minä elä sellaisessa haarautuvan todellisuuden oksankärjessä eikä sellainen maailma ole minun osanani.

Minä elän tässä omassa todellisuudessani, ja miljardit ihmiset jakavat tämän saman kokemuksen. Jos Jumalalle on olemassa ääretön määrä erilaisiin vapaisiin valintoihin perustuvia rinnakkaistodellisuuksia, ne ovat todellisuutta hänelle, eivät minulle tai yhdellekään tämän planeetan muista asukkaista. Ihminen ei voi koskaan tietää, miten ajan ulkopuolella elävä Jumala näkee tapahtumat tehtyään ihmisen täysin vapaaksi toimimaan haluamallaan tavalla joka sekunti, minuutti ja tunti.

Se pelastussuunnitelma, josta tässä kirjoitan, liittyy siihen todellisuuteen, jossa nyt olemme. Kristinuskon keskeisin asia oli se, mitä Jeesus teki 2000 vuotta sitten: Hän uhrasi itsensä korjatakseen sen, mitä Aadam ja Eeva sekä kaikki heidän jälkeläisensä olivat rikkoneet ja edelleen rikkovat.

Muutama asia on minulle kuitenkin vaikea ymmärtää. Ensinnäkin: miksi ylipäätään tarvittiin uhri? Eikö Kaikkivaltias olisi voinut vain antaa anteeksi? Joskus vastaukseksi esitetään, että Jumala on pyhä ja hänen olemuksensa vaatii syyllisille rangaistusta: Oikeudenmukaisessa maailmankaikkeudessa teoilla täytyy olla seurauksensa.

Voi myös ajatella, että ihmisten tekemät pahat teot käynnistävät ketjureaktioita, jotka täytyy pysäyttää riittävän suurilla hyvillä teoilla. Oletan, että ihmisten omasta vapaasta tahdostaan tekemien pahojen tekojen summa on niin suuri, että tarvittiin Jumalan Pojan kuolema. Vaihto-ehtona olisi saattanut olla kaikkien planeetan ihmisten kuolema: Synnin tekeminen lakkaa, kun viimeinenkin ihminen poistetaan näyttämöltä.

Ihmisten tuhoaminen olisi kuitenkin vienyt Jumalan takaisin lähtöruutuun eli todellisuuteen ilman ihmistä. Jostain syystä Jumala oli halunnut luoda ihmisen, joten tämä oli pelastettava. Jumalahan oli vedenpaisumuskertomuksen mukaan jo kokeillut tuhota valtaosan ihmisistä, mutta kokeen tulos oli ollut kehno: Ihmiset olivat pian alkaneet tekemään pahaa entiseen tyyliin, joten selvästi tarvittiin jotain muuta.

Ihmiset kuitenkin tekivät vedenpaisumuksen jälkeen-kin pahaa omasta vapaasta tahdostaan, joten Jumala kokeili seuraavaksi, auttaisivatko selvät kiellot ja käskyt ihmisiä olemaan tekemättä lisää pahaa: Jumala antoi Mooseksen kautta lakinsa Israelille. Sekin koe epäonnistui surkeasti, ja ihmiset oppivat noudattamaan lakia muodollisesti ja näennäisesti, ja aiemmin avoimesti pahaa tehneistä tuli pian salasyntisiä teeskentelijöitä.

Mutta mahdollisesti teeskentely saataisiin kuriin, jos salaiset synnit paljastettaisiin. Kaikkivaltias teki tässä toivossa joistain ihmisiä profeettoja ja antoi näille tehtäväksi muiden ihmisten salaisten pahojen tekojen paljastamisen ja niiden rankaisemisella uhkaamisen. Sekään ei auttanut, vaan lopulta Jumalan täytyi toteuttaa uhkauksensa ja antaa toisten valtioiden viedä suuren osan israelilaisista väkivalloin pois omasta maastaan.

Pakkosiirtolaisina osa israelilaisista katui pahoja teko-jaan ja lopulta Jumala palautti heidät omaan maahansa takaisin. Ihmiset eivät kuitenkaan olleet pysyvästi muuttuneet, vaan heidän pahuutensa alkoi vähitellen rehottaa uudelleen.

Kun Jumala näki, ettei mikään muu enää auttanut, hän lähetti oman poikansa Israelin keskelle maailmanhistorian ovelimpaan peiteoperaatioon. Virallisesti Jeesus yritti vedota israelilaisiin ja saada heidät palaamaan Jumalan yhteyteen. Todellisena tarkoituksena oli kuitenkin saada ihmiset surmaamaan Jumalan Poika.

Lucifer ei ole lähimainkaan tasaveroinen vastustaja Jumalan rinnalla eikä hän esimerkiksi ole kaikkitietävä. Niinpä hän ei osannut lukea peliä riittävän hyvin, vaan kuvitteli häiritsevänsä Jumalan suunnitelmaa parhaiten usuttamalla ihmiset surmaamaan Jeesuksen, ennen kuin tämä onnistuisi voittamaan heidät puolelleen tekemillään ihmeillä ja viisailla opetuksillaan.

Oletan Paholaisen onnitelleen itseään nähdessään Nasaretilaisen roikkuvan ristillä ja hörähtäneen voitonriemuisena, kun Jeesus henkäisi viimeisen kerran. Hän ei aavistanut voittonsa lyhytaikaisuutta ja todennäköisesti heittäytyi voimattoman raivon valtaan, kun Jeesus yllättäen nousikin kuolleista.

Luciferin kannalta pahin mahdollinen lopputulos oli se, että Jumalan Pojan kuolemalla ja ylösnousemuksella oli kaksi hämmästyttävää seurausta: Ensinnäkin Jumala julisti, että yksi Jumalan Pojan kuolema helposti riitti sovittamaan kaikkien ihmisten (menneiden, nykyisten ja tulevien, vielä syntymättömienkin) pahat teot.

11

Lucifer kiehui kiukusta tajutessaan, ettei voisi enää koskaan perustellusti syyttää ihmisiä näiden synneistä eikä houkutella heitä antamaan periksi ja lopettamaan turhat yrityksensä noudattaa Jumalan tahtoa.

Toinen yllättävä vaikutus oli nähtävissä ensimmäisenä helluntaina, kun ihmisille oli tapahtunut jotain outoa: Merkillepantavaa oli erityisesti ihmisten lisääntynyt rohkeus kertoa Jumalan pelastussuunnitelmasta toisille. Monet olivat valmiita levittämään sanomaa jopa henkensä kaupalla.

Paholainen huomasi pian, että kristinusko levisi tehokkaimmin silloin, kun uskovia vainottiin, mutta hän ei silti ole voinut luonnolleen mitään. Hän yrittää edelleen saada monet vastustamaan Jeesuksen seuraajia kaikin keinoin, mutta kristittyjä on silti maailmassa sekä prosentuaalisesti että absoluuttisina lukumäärinä mitaten enemmän kuin koskaan ennen.

Suunnitelman toteutus on vielä kesken, mutta kaikilla on mahdollisuus osallistua siihen omalta osaltaan ja ottaa pelastus vastaan sanomalla hiljaa mielessään: "Jeesus, anna minun syntini anteeksi". Jos ihmistä epäilyttää koko tarina, hän voi rukoilla: "Jeesus, jos olet olemassa, auta minua." Se toimii.

12

3. Ihmeet

Ihme voi ihmisten normaalissa kielenkäytössä tarkoittaa mitä tahansa yllättävää ja yleensä ihmisen kannalta suotuisaa tapahtumaa, kuten huonosti valmistautuneen opiskelijan suoriutumista tentistä hyvällä arvosanalla tai Kanarian matkan saamista yllättävän alhaisella hinnalla. Näin määriteltynä ihmeen voi sanoa olevan miltei synonyymi hyvän onnen kanssa.

Suppeammin määriteltynä ihmeen voi kuitenkin sanoa sisältävän aisteilla havaitun todellisuuden ulkopuolisen tekijän vaikutusta ainakin jossain määrin, vaikka tapahtuma selittyisi valtaosaltaan täysin tavanomaisilla arkielämän ilmiöillä.

Ihmisten luonnollisten selitysten varasto on kasvanut tieteellisen tiedon lisääntyessä. Niinpä ukonilmassa ei ole nykyihmiselle mitään ihmeellistä, eikä siinäkään, jos jokin salama sattuu iskemään korkean sairaalarakennuksen ukkosenjohdattimeen. Jos kuitenkin yksi sairaalan potilaista paranisi salaman iskiessä rakennukseen, ihmiselle itselleen se saattaisi vaikuttaa ihmeeltä, mutta muut todennäköisesti etsisivät luonnollisia selityksiä ja tarvittaessa vetoaisivat sattumaan.

Kahden tai kolmen vakavasti sairaan paraneminen salamaniskun seurauksena saattaisi tuntua jo vaikealta selittää luonnollisesti, puhumattakaan siitä, että puolet suuren sairaalan potilaista äkkiä paranisi ja siinä joukossa olisi muutama aivokuollutkin. Kuinka dramaattisen tapahtuman kukin vaatii myöntääkseen, että kyseessä on ihme, riippuu yksilöstä.

Pohjimmiltaan kenenkään ei tarvitse ikinä myöntää ihmeen tapahtuneen, ellei hän ole sattunut joutumaan sellaisen todistajaksi. Yksinkertaisin luonnollinen selitys on se, että silminnäkijäkertomukset ovat väärinkäsitysten tulosta, liioiteltuja tai peräti valhetta.

Silminnäkijäkertomukset, valokuvat ja videot ovat kauan sitten menettäneet todistusarvonsa varsinkin mediassa ja sosiaalisessa mediassa, joissa monella taholla on tunnetusti intressinä vaikuttaa ihmisten mielipiteisiin ja käyttäytymiseen tai pelkästään hätkähdyttää.

Itsekin suhtaudun varauksellisesti kaikkiin Raamatun ulkopuolisiin kertomuksiin ihmeistä juuri niiden epäluotettavuuden vuoksi. Näin on siitäkin huolimatta, että uskon periaatteessa ihmeiden mahdollisuuteen: Uskon monien ällistyttävien asioiden tapahtuneen aivan oikeasti.

Jeesuksen nouseminen kuolleista oli luultavasti historian suurin ihme. Uskon siihen. Miksi sitten luotan ikivanhoihin silminnäkijäkertomuksiin, kun kuitenkin suhtaudun skeptisesti paljon tuoreempiin selontekoihin? Eikö ole vaarana, että tarinat ovat muuttuneet pitkän ajan kuluessa yhä hurjemmiksi?

Jeesuksen ylösnousemuksen historiallisuutta on tutkittu paljon, ja monet minua pätevämmät ovat päätyneet pitämään siihen liittyvää todistusaineistoa luotettavana, mutta se ei ole ainut syy, miksi uskon siihen.

Tärkein syy uskoa on minusta yksinkertainen: Kaikki Jeesukseen liittyvät uskomukset olivat hyvin kiistanalaisia, ja hänellä sekä hänen seuraajillaan oli paljon vastustajia.

Niin voi päätellä jo siitä, että hänet surmattiin. Tämä lienee kiistaton tosiasia, enkä ole kuullut kenenkään aihetta tutkineen kyseenalaistavan ristiinnaulitsemista sinänsä.

Kun Jeesuksen kannattajat alkoivat julkisesti väittää hänen nousseen kuolleista, vastustajien olisi ollut hyvin yksinkertaista osoittaa puheet perättömiksi avaamalla hauta ja näyttämällä Jeesuksen ruumis.

Juutalaista lakia noudattavien ei toki ollut soveliasta mennä tutkimaan ruumista lähemmin eikä ainakaan koskemaan siihen. Mutta olisi ollut helppo osoittaa, ettei hauta ollut tyhjä. Miksi Jeesuksen vastustajat eivät turvautuneet niin ilmeiseen keinoon vaientaa puheet ylösnousemuksesta?

Jeesus oli jo eläessään ollut juutalaisten johtomiesten silmissä poliittinen uhka ja hänen seuraajansa olivat pahentamassa tilannetta väittämällä hänen nousseen kuolleista. Heillä olisi ollut täysi syy osoittaa ylösnousemuksen olleen valhetta, joten miksi he eivät avanneet hautaa näytösluonteisesti ja sen jälkeen ottaneet kiinni väärän tiedon levittäjiä? Vastaus on yksinkertainen: He tiesivät jo, että hauta oli tyhjä.

Koska hauta oli kiistattomasti tyhjä, Jeesuksen vastustajille jäi vain yksi mahdollisuus: Heidän täytyi keksiä tarina, jonka mukaan Jeesuksen ruumis oli varastettu.

Olisi toki ollut mahdollista, että Jeesuksen seuraajat todella olivat vieneet hänen ruumiinsa, piilottaneet sen ja uskottelivat sitten kaikille muille tämän nousseen kuolleista. Tämä on kuitenkin hyvin epäuskottava selitys ta-

pahtuneelle. Heidän täytyi vakaasti uskoa Jeesuksen ylös-
nousemukseen, sillä monet heistä olivat valmiita maksa-
maan tämän väitteen levittämisestä hengellään.

Tiedämme, että monet ihmiset ovat historian aikana ol-
leet valmiita kuolemaan monenlaisten aatteiden ja usko-
musten puolesta, joten tällainen asenne ei vielä takaa kä-
sityksen paikkansapitävyyttä. Mutta kukaan sellainen,
joka olisi varastanut opettajansa ruumiin, ei varmasti olisi
voinut itse uskoa ylösnousemukseen eikä olisi ollut valmis
kuolemaan valheensa vuoksi.

Olisiko sitten mahdollista, että jotkut Jeesuksen lähipii-
ristä olisivat varastaneet ruumiin ja valehdelleet kaikille
muille? Siinäkin selityksessä on ainakin kaksi ongelmaa:
Ensinnäkin he olivat mitä ilmeisimmin pettyneet siihen,
että ihmeitä tehnyt Messias oli paljastunut heikoksi taval-
liseksi ihmiseksi, joka antoi surmata itsensä häpeällisellä
tavalla. Miksi he olisivat henkensä kaupalla ja vilpillisesti
yrittää pelastaa Pelastajansa maineen ja kunnian?

Toisaalta Jeesuksen väitettiin ilmestyneen monelle sa-
manaikaisesti. Jonkun olisi täytynyt kyetä esittämään Jee-
susta vakuuttavalla tavalla niiden edessä, jotka olivat seu-
ranneet opettajansa jokaista sanaa ja elettä tarkasti jo vuo-
sien ajan. Teoria, jonka mukaan Jeesuksen ruumis varas-
tettiin, ei siis yksinkertaisesti vaikuta uskottavalta.

Itse olen päätynyt pitämään uskottavimpana sitä seli-
tystä, että tapahtui aito ihme: Minun käsitykseni mukaan
Jeesus todella nousi kuolleista.

Hämmästyttävintä on se, että ainakin Raamatun kerto-
musten mukaan myös monet Jeesuksen vastustajat uskoi-
vat hänen tekemiinsä ihmeisiin, mutta vastustivat häntä

sitä ankarammin, mitä enemmän hän toi esille yliluonnollisia kykyjään. Jeesus ei nimittäin alkuunkaan vastannut heidän odotuksiaan vahvasta poliittisesta johtajasta, joka vapauttaisi Israelin Rooman vallan alta.

Nykyäänkin kaikilla ihmisillä on taipumus ottaa herkemmin vastaan informaatiota, joka tukee heidän jo muodostuneita käsityksiään. On hyvin poikkeuksellista, että joku muuttaa esimerkiksi poliittisia mielipiteitään. Yleensä näkemysten välinen konflikti on omiaan vain lujittamaan olemassa olevia käsityksiä.

Niinpä osa ihmisistä sulkee kategorisesti pois ihmeiden mahdollisuuden vetoamalla siihen, että luonnonlakeja ei voi kumota. Ns. luonnonlait kuvaavat kuitenkin vain sen, mitä sopii odottaa tapahtuvaksi, jos mikään yliluonnollinen tekijä ei ole vaikuttamassa asioiden kulkuun.

Nimensä mukaisesti luonnontieteet tutkivat luonnollisia tapahtumia, eivätkä siten voi perustellusti sanoa mitään siitä, mitä mahdollisesti on näkyvän maailman ulkopuolella.

Kullakin on toki oikeus lausua mielipiteensä mistä tahansa asiasta, mutta edes professorin tieteellinen osaaminen ei pätevöitä häntä julistamaan ehdottomina totuuksina yksityisiä mielipiteitään mistään tutkimusalueensa ulkopuolisesta seikasta.

On toisaalta todettava, että joskus uskovilla on taipumus liioitella tapahtumia väittämällä esimerkiksi saaneensa lääkäriltä todistuksen paranemisestaan. Näitä kuitenkin huomattavan harvoin, jos koskaan, esitetään julkisuudessa. Minusta sellaista väitettä ei tulisi esittää lainkaan, ilman että samalla näytetään kuulijoille lääkärintodistus, jos sellainen on olemassa.

On kyseenalaista syyttää todisteita tivaavia epäuskosta, jos samaan aikaan itse vetoaa maallisen tahon, kuten lääkärin lausuntoon. Ja jos väitettyä lääkärintodistusta ei ole oikeasti olemassakaan, syyllistyy lisäksi valehtelemiseen. Joillain uskovilla on lisäksi tapana nähdä ihmeitä sielläkin, missä niitä ei ole. Saatetaan esimerkiksi kertoa jonkin esineen jääneen huolimattomuuden vuoksi vaikkapa puiston penkille. Ei voi puhua ihmeestä, jos hajamielinen ihminen palaa takaisin minuutin päästä ja löytää lompakkonsa sieltä, minne oli sen jättänyt.

Jos tilaisuus tekee varkaan, esineitä jälkeensä unohteleva asettelee tahtomattaankin ansoja lähimmäisilleen ja altistaa näiden kuolemattomat sielut ikuisen kadotuksen vaaralle alttiiksi. Tällaisen ihmisen tulisi Isä meidän -rukousta mukaillen pyytää, ettei itse saattaisi muita kiusaukseen.

Eri kirkkokunnat suhtautuvat eri tavoin ihmeiden mahdollisuuteen. Karismaattiset kristityt saattavat hyväksyä tapahtuman ihmeeksi ilman sen kummempaa tutkimista. Yleisin paranemisihme lienee yhden jalan kasvaminen äkisti toisen kanssa saman mittaiseksi, kun ihminen on todellisuudessa korjannut aivan itse selkänsä asentoa.

Nuhakuumeitakin Maailmankaikkeuden Luojan väitetään parantaneen ahkerasti, kun taas epäuskoiset saattavat joutua aivastelemaan yhden päivän pitempään.

Roomassa käydessäni huomioni kiinnittyi siihen, kuinka tyypillistä siellä on ollut Marian ilmestyminen ylimyksille, joiden varoja oli tarvittu kirkkojen rakentamiseen. Käsitykseni mukaan katolinen kirkko kuitenkin yleensä huolellisesti tutkii tapahtumat, ennen kuin alkaa puhua ihmeestä, mutta miten estää epäpyhät lehmänkaupat, joissa voittavat kaikki muut paitsi totuus? Pappi, joka tutkii ylimyksen kertomuksen Marian ilmestymisestä, julistaa ihmeen aidoksi ja saa rahat kirkkoa varten ja vihkii kaikessa hiljaisuudessa avioliiton sakramenttiin ylimyksen, joka on juuri saattanut palvelustyttönsä raskaaksi.

Tarkoitukseni ei kuitenkaan ole kritisoida mitään kirkkokuntaa tai mitään uskontoa, vaan mielestäni jokaisella on oikeus itse valita, mihin uskoo. Ja käytännössä jokainen myös joutuu tekemään valinnan, mihin uskoo ja mihin ei, sillä edes kaikkea maailmankaikkeuteen liittyvää tietoa ei kukaan kykene itse tarkistamaan. Ei ole myöskään mahdollista tietää, mitä on fyysisen maailmankaikkeuden ulkopuolella, tai onko siellä mitään, ei ainakaan vain tarkastelemalla sitä, mikä on aistein havaittavissa.

4. Rubikin kuutio ja maailman luominen

Jos ei välitetä siitä, että Rubikin kuutio on rasistinen lelu, jossa yritetään saada eri värit omille alueilleen, kyse on äärimmäisen kiehtovasta pulmapelistä. Tavallisessa Rubikin kuutiossa on 6 keskiön ja 8 kulmapalan lisäksi 12 reunapalaa, eli yhteensä paloja on vain 26. Silti kuution palat voidaan asettaa 43 252 003 274 489 856 000:een eri järjestykseen. Luvussa on karkeasti siis numeron 43 jälkeen 18 nollaa!

Huolimatta siitä, että mahdollisia järjestyksiä on hyvin paljon, kuutio on aina vain enintään 20 pyöräytyksen päässä ratkaistusta tilastaan. Tämä voi tuntua mahdottomalta uskoa sille, joka on joskus leikkinyt kuution kanssa. Luultavasti kukaan ihminen ei pysty näkemään tarvittavia siirtoja vain katsomalla sekaisin olevaa kuutiota. Oletettavasti vain Jumala pystyy siihen. Tästä syystä puhutaan Jumalan luvusta 20.

Ihmiset pystyvät kuitenkin ratkaisemaan Rubikin kuution parhaimmillaan muutamassa sekunnissa opittuaan jonkin systemaattisen tavan pyöritellä sitä. Nämä metodit edellyttävät, että ihminen tunnistaa tietyt kuution asennot tai kuviot ja muistaa ulkoa siirtosarjat, joilla saatetaan kuutio yhdestä tilasta toiseen. Näin tehden saadaan kuutio tiettyjen ennalta määriteltyjen välivaiheiden avulla lopulta ratkaistua. Maailman nopeimmatkin ihmiset joutuvat tekemään n. 60 siirtoa ratkaistakseen kuution.

Rubikin kuutio on siis varsin yksinkertainen, mutta silti mahdoton ratkaista vain pyörittelemällä sitä ilman mitään systematiikkaa. Se ei myöskään ole ratkaistavissa katsomalla vain muutamaa palaa kerrallaan: Kuution ratkaisijalla täytyy olla kuution kulloinenkin kokonaistila tiedossa ja käsitys siitä, mihin tilaan kuutio tulee viedä ratkaisun kussakin vaiheessa.

Kukaan ei usko, että Rubikin kuutio voidaan ratkaista vain pyörittelemällä sitä satunnaisesti, eivätkä sen palat siirry oikeille paikoilleen, vaikka se vahingossa joutuisi pyykkien sekaan pesukoneeseen pyörimään.

Ihmisen olisi myös hyvin vaikea kokeilla systemaattisesti kaikkia mahdollisia siirtosarjoja, jotta kuutio saataisiin tavoiteltuun järjestykseen. Vaikka joku kykenisikin tällaiseen puuduttavan yksitoikkoiseen erilaisten siirtosarjojen kokeiluun, ihmisen elinaika ei riittäisi alkuunkaan, sillä 10 siirtoa sekunnissa tekevältä kuluisi yli 100 miljardia vuotta kaikkien mahdollisten Rubikin kuution järjestysten läpikäymiseen.

Mutta kuten sanottu, nopeimmat ihmiset saavat kuution muutamassa sekunnissa järjestykseen, mutta heillä on tällöin kuution kokonaistilanne tiedossaan ja he tietävät miten kuution voi ratkaista.

On selvää, että Rubikin kuutio on kuitenkin hyvin yksinkertainen verrattuna yhteen elävään soluun, kokonaisista eliöistä puhumattakaan. Minulla ei ole pätevyyttä esittää biologiaan liittyviä numeroarvoja, joita voitaisiin mielekkäästi verrata Rubikin kuution ratkaisun monimutkaisuuteen. On kuitenkin minusta päivänselvää, että ihminen tai eläin on huikean paljon monimutkaisempi kuin mainittu muovilelu, eikä tästä voi olla erimielisyyttä.

Huolimatta siitä, että monet biologian huippuasiantuntijat pitävät sattumaa parhaana selityksenä elämän synnylle, minun on mahdotonta uskoa tähän teoriaan. Edes yksinkertainen muovinen pulmapeli ei ratkea sattumalta itsestään, vaan sen pyörittelijän täytyy tietää, mitä on tekemässä.

Ajatus, että elämän käsittämätön monimutkaisuus olisi voinut syntyä sattumalta ilman jonkinlaisen älyn ohjausta, on minulle mahdoton hyväksyä, vaikka olisi olemassa luonnonvalinnaksi kutsuttu mekanismi, joka tuhoaa huonot kokeilut ja päästää parhaat jatkoon.

Pystyn ymmärtämään sen, että toiset eliöt selviävät kilpailussa muita paremmin, mutta se ei vielä selitä sitä, mikä tai kuka on tuonut kisaan koko joukon valmiita ja monimutkaisia kokonaisuuksia. En kykene uskomaan sattuman kykyyn luoda näitä toimivia vaihtoehtoja.

Tiedän, että yksi silmän rakenne toimii toista paremmin, mutta silmä, jolla voi nähdä edes jollain tavalla, on väistämättä hyvin monimutkainen. Hypoteettinen ja yksinkertainen silmän esiaste, joka ei tuota näkökykyä, ei voi antaa mitään kilpailuetua suhteessa toisiin sokeisiin eliöihin, eikä siitä näin ollen voi luonnonvalinnan kautta kehittyä yhtään parempaa.

Miten siis sai alkunsa ensimmäinen toimiva silmä? En voi uskoa sellaisen syntyneen sattumalta, vaikka joku evoluutiobiologi yrittäisi uskotella niin. Sama pulma liittyy todennäköisesti muihinkin elimiin, jopa yksittäisiin soluihin, mutta väite silmän syntymisestä sattumalta on minulle vaikein hyväksyä.

Minua enemmän tietävät ovat kertoneet, että elämän säilyminen vaatii tarkasti oikeanlaiset olot, sen syntymisestä puhumattakaan. Planeettamme halkaisija on tuhansia kilometrejä, mutta monimutkaisempia elämänmuotoja tavataan vain muutaman kymmenen kilometrin etäisyydellä meren pinnan tasosta.

Vaikka bakteereja ja viruksia sanotaan löytyvän jopa ikijään sisältä ja syvältä maapallon pinnan alta, elämän säilyminen ei ole itsestään selvää, jos olosuhteet muuttuvat liikaa tai liian nopeasti. Näin ovat kertoneet erityisesti planeettamme elinkelpoisuudesta huolta kantavat tiedemiehet.

Sanotaan, että jopa luonnonvakioilla tulee olla sopivat arvot, jotta elämä olisi mahdollinen. Maissa, joissa talvet ovat kylmiä, on tärkeää, että jää on kevyempää kuin nestemäinen vesi. Muuten Suomenkin tuhannet järvet jäätyisivät talvella pohjaa myöten, eivätkä kalat voisi elää niissä. Veden ja muiden aineiden monet ratkaisevan tärkeät ominaisuudet riippuvat luonnonvakioista. Miksi ne ovat arvoiltaan elämän kannalta suotuisia?

Rubikin kuutio on elämään verrattuna yksinkertainen lelu, mutta sitäkään ei voi ratkaista ilman kokonaisuuden hallintaa vain katsomalla yksittäisiä kuution osia tai luottamalla sattumaan. Paljon monimutkaisemman elämän aikaansaaminen on edellyttänyt vielä enemmän, että sen takana oleva taho on tiennyt, mitä on ollut tekemässä.

5. Ateismi

En tunne hyvin filosofiaa, psykologiaa ja sosiologiaa enkä muitakaan tieteitä, mutta tiedän ihmisten käsitysten muuttuneen ja tiedon määrän lisääntyneen jatkuvasti. Tiedän ihmisillä myös olleen kaikkina aikoina paljon käsityksiä, jotka ovat myöhemmin osoittautuneet vääriksi.

Menneiden uskomusten paljastuttua usein vääriksi, kun on kyetty tutkimaan asioita tieteellisin metodein, monet ovat alkaneet pitää nykyaikaisia käsityksiä lähtökohtaisesti oikeina, vaikka perustellumpi tapa suhtautua olisi olettaa tieteellisen tutkimuksen tulevaisuudessa paljastavan nykyisetkin käsitykset epätarkoiksi, ellei jopa kokonaan vääriksi.

Olen kuullut monen tiedemiehen sanovan tieteen tekemisen olevan prosessi, jossa teorioita korjataan jatkuvasti, kun saadaan lisää tietoa. Oletan siten useilla tiedemiehillä olevan sopivan nöyrä suhtautuminen siihen, mitä he tietävät tai mitä yleensä voidaan tietää.

Tieteen kanssa työskentelevät ovat vain ihmisiä, jotka eivät voi mitään sille, että emme voi tietää kaikkea. Ateistit syyttävät usein eri uskontojen kannattajia siitä, että nämä pyrkivät täyttämään tiedon aukot sokealla uskolla, mutta käsitykseni mukaan tämä on yhteistä kaikille ihmisille ja kaikkien ideologioiden kannattajille.

Ihmisen on pakko ottaa tietyt asiat lähtökohdiksi, joiden varaan hän rakentaa maailmankuvaansa. Yksi mahdollinen valinta on olettaa, että kaikilla asioilla on selityksensä tässä maailmassa, vaikka niitä ei olisi vielä löydetty. Tämä on tieteelliselle työskentelylle mielekäs lähtökohta, mutta sellainen, jota ei voi todistaa oikeaksi.

Kun otetaan lähtökohdaksi, että mikään luonnollisen maailman ulkopuolinen tekijä ei vaikuta havaitsemiimme ilmiöihin, tämä tulee tunnustaa perusolettamukseksi, eikä väittää tutkimustulosten todistavan oletuksen todeksi. Jos lähtöoletuksen yrittää todistaa oikeaksi siitä seuraavilla tutkimustuloksilla, syyllistyy kehäpäättelyyn.

On mahdollista tutkimustulosten perusteella sanoa vain, että tämä tai tuo ilmiö voidaan selittää ilman yliluonnollisiin syihin vetoamista, mutta se ei vielä tarkoita, ettei yliluonnollisia asioita voisi olla olemassa. Luonnontieteet eivät voi antaa mitään informaatiota yliluonnollisista tekijöistä.

Jos luonnontieteilijä esittää yliluonnollisia asioita koskevia kannanottoja, se ei siten voi perustua luonnontieteellisiin tutkimustuloksiin. Kyse on filosofisesta yksityisajattelusta, mielipiteistä tai henkilökohtaisista uskomuksista.

Tiede ei voi päästä eteenpäin, jos tiedon ei sallita kumuloitua, vaan jokaisen uuden sukupolven tulee varmuuden vuoksi toistaa menneiden tekemät kokeet. Aikaisempien tutkimusten luotettavuuteen pitää vain päättää uskoa.

Yksilö on tässä suhteessa vielä vaikeammassa asemassa, sillä hänen täytyy ottaa suurin osa koko ajan paisuvasta tietomassasta annettuna ja rakentaa sen varaan omaa ajatteluaan. Hän ei voi henkilökohtaisesti tutkia kaikkea ja toistaa muiden tekemiä kokeita. Hänen täytyy päättää uskoa siihen, mitä tiedeyhteisö katsoo jo todistaneensa oikeaksi, vaikka samat tiedemiehet myöntävätkin, että kyse on vain toistaiseksi parhaasta yrityksestä antaa jollekin ilmiölle luonnollinen selitys.

Voidaan sanoa, että jokainen käsitys, jota ei voida todistaa oikeaksi, perustuu uskoon, vaikka tiedemiehet käyttävätkin mieluummin muita ilmaisuja, kuten premissi, paradigma tai teoreettinen viitekehys.

Kullakin on oikeus käyttää haluamiaan sanoja kuvaamaan sitä, että kaikkea ei voi tietää ja että joitakin käsityksiä täytyy olettaa paikkansapitäviksi tutkimuksen lähtökohdiksi, vaikka niitä ei voi todistaa oikeiksi tai vääriksi. Mutta jokainen, joka väittää, ettei usko mihinkään, vaan tietää kaiken tietämisen arvoisen, on joko älyllisesti epärehellinen tai sitten ei ymmärrä eroa tietämisen ja uskomisen välillä.

Ateistit suhtautuvat usein Jumalaan uskoviin, niin kuin nämä turvautuisivat uskoonsa vain ymmärtääkseen muuten käsittämättömiä asioita näkyvässä maailmassamme. Tämä on harhaluulo, sillä uskossa on kyse paljon suuremmista asioista.

En edes yritä kuvata sitä, mitä usko voi merkitä eri ihmisille, vaan keskityn tässä korostamaan sitä, miten usko Jumalaan vaikuttaa ajatteluun. Kaikki uskovat eivät suinkaan väitä Jumalan olevan kaikkien toistaiseksi selittämättömien havaintojen takana. Useimmat tuntemani Jumalaan uskovat hakevat ensisijaisesti luonnollisia ja arkipäiväisiä selityksiä luonnollisille tapahtumille.

Pyrkimystä löytää luonnollisia selityksiä maailman ilmiöille voidaan kutsua naturalistiseksi suhtautumistavaksi. Uskovalle naturalismi voi olla ajattelun työkalu, kun se ateistille on kaiken kattava filosofinen suhtautumistapa.

On yksi asia väittää, että monet asiat ovat selitettävissä luonnollisesti ilman näkyvän maailman ulkopuolisiin tekijöihin vetoamista, ja kokonaan toinen asia julistaa, ettei luonnollisen maailman ulkopuolella ole mitään. Ei ole olemassa neutraalia ja kiistattoman objektiivista kokonaiskäsitystä maailmankaikkeudesta, vaikka ateismi tai naturalismi usein esitetään sellaisina. On karkeasti vain kaksi vaihtoehtoa: Joko aistein havaittavan maailmankaikkeuden ulkopuolella ei ole mitään tai sitten siellä on (tai saattaa olla) jotain. Kumpaakaan näistä suhtautumistavoista ei voi todistaa oikeaksi tai vääräksi.

Olen jättänyt agnostisismin vain sulkeisiin, vaikka se poikkeaakin jumalauskosta väittäessään, että Jumalan olemassaolosta ei ole tietoa. Ateismin kannalta agnostisismi voidaan kuitenkin nähdä ateismin vastaisena, sillä ateisti katsoo tietävänsä, ettei Jumalaa ole tai voi olla olemassa.

Mainiossa kirjassaan Perusteltu kristillinen usko (Warranted Christian Belief) filosofi Alvin Plantinga osoittaa sisäisesti ristiriitaiseksi väitteen, jonka mukaan Jumalasta ei voi olla tietoa: Jos kyseistä persoonaa koskevaa tietoa ei voi olla ylipäätään, niin kuinka silloin voidaan väittää, että sellaisen persoonan yhdestä ominaisuudesta (olemassaolosta) olisi tietoa.

Plantinga esittää ajatusleikin: Jos olisi olemassa Jumala, sellainen persoona kykenisi halutessaan ilmaisemaan itsensä valitsemallaan tavalla niille ihmisille, joiden tahtoo tietävän, että on olemassa. Jos siis olisi olemassa Jumala, usko häneen ei siten välttämättä olisi sokeaa, vaan saattaisi olla myös perusteltua.

Plantingan ajatusleikki ei ole todiste Jumalan olemassa-olosta, mutta kuitenkin osoitus siitä, että saattaa olla mah-dollista tietää jotain Jumalasta, jos hän on olemassa. Var-sinainen kysymys, eli se, onko hän olemassa, ei saa tämän ajatusleikin avulla mitään vastausta.

Miksi sitten ihmiset valitsevat niin erilaiset tavat suh-tautua kysymykseen Jumalan olemassaolosta? Tähän voi olla monia syitä. Yksi on kysymykselle annettavan vas-tauksen velvoittavuus: Jos uskoo Jumalan olevan olemassa, on luontevaa uskoa myös siihen, että hänellä saattaa olla odotuksia tai vaatimuksia ihmisen elämän tai elämäntapo-jen suhteen. Kysymys ei siten ole triviaalista kysymyksestä, vaan sellaisesta, johon liittyy arvoja ja moraalikäsityksiä.

Osa ateisteista saattaa torjua ajatuksen Jumalasta yksin-kertaisesti epämukavana, kun taas uskon asenteen valin-neet saattavat uskoa moraalisista syistä tai uskoa varmuu-den vuoksi.

Ihminen saattaa uskoa myös siitä syystä, että usko antaa lohtua ja turvaa. Ateisti ehkä hymähtää tällaiselle asen-teella ja pitää sitä heikkouden merkkinä, mutta täytyy muistaa, että usko Jumalan olemassaoloon on ollut varsin tavanomaista jo vuosituhansien ajan eikä ole tiettävästi poistumassa maailmasta.

Jos siis uskoo, ettei Jumalaa ole olemassa, vaan että kaikki on syntynyt sattumalta ja ihminen on evoluutiopro-sessin tulosta, ei silti voi kiistää sitä, etteikö moni ihminen uskoisi Jumalaan. Evoluution näkökulmasta jumalauskon täytyy päinvastoin olla ihmislajin menestyksen ja säilymi-sen kannalta hyvä ominaisuus ja vahvuus.

Voin siten perustellusti sanoa uskovani Jumalaan myös siitä syystä, että evoluutio on synnyttänyt minussa uskon, joka on suotuisa ominaisuus.

Ihminen voi myös uskoa tai olla uskomatta sen perusteella, mitä hänen jostain syystä arvostamansa esikuvat neuvovat tekemään. Tämä valintakriteeri ei luonnollisesti auta löytämään kiistatonta vastausta. Miten pahasti vastaus voi poiketa todellisuudesta, riippuu mitä ilmeisimmin mainittujen esikuvien luotettavuudesta.

Ihmisen luotettavuus ei ole milloinkaan varmaa, ja vielä varauksellisemmin heihin on syytä suhtautua silloin, kun ihmisillä on syvästi henkilökohtaisia syitä sitoutua tiettyyn tapaan uskoa.

Ideaalitapauksessa kukin ihminen punnitsee huolellisesti erilaisia tosiasioita ja valitsee sen vaihtoehdon, joka parhaiten selittää havaitut faktat. Tällöinkin kyse on kuitenkin vain uskottavimman vaihtoehdon valinnasta, ei ehdottomasti oikeasta valinnasta.

Yksi oleellinen ero on tunnistettavissa ateismin ja jumalauskon välillä: Jos uskon Jumalaan, en ikinä saa tietää olleeni väärässä, mutta jos olen oikeassa, saatan hyvinkin tulevaisuudessa tietää valinneeni oikein. Jos päätän olla uskomatta Jumalaan, en ikinä saa tietää olleeni oikeassa, mutta saatan hyvinkin joutua jopa vastuuseen väärästä valinnastani.

Jos Jumala on olemassa, miksi hän sitten tekee niin vaikeaksi olla varma hänen olemassaolostaan? Vastaan, ettei kukaan voi perustellusti väittää, etteikö Jumala ole tehnyt kaikkensa, jotta ihmiset uskoisivat häneen vapaaehtoisesti. Jumala, jos hän on olemassa, voisi halutessaan tehdä olemassaolostaan niin kiistattoman tosiasian, että kukaan ei voisi enää valita olla uskomatta. Tällöin ihmisellä ei olisi edes mitään uskoa, vaan objektiivinen ja varma tieto asiasta.

Koska minulla on taipumus tehdä itselleni sopivalta tuntuva valinta, uskoako vai ei, mistä voin tietää, että olen ollut täysin rehellinen edes itselleni. Ehkäpä onkin niin, kuin apostoli Paavali kirjoitti: Jumalan olemassaolo on ihmiselle pohjimmiltaan itsestään selvä tosiasia, mutta hänellä on silti vapaus torjua tämä tieto.

Oleellinen on myös ihmisen ja mahdollisesti olemassa olevan Jumalan ero: Ihminen tietää, ettei tiedä kaikkea. Jos taas Jumala on, hän tietää kaiken. Ihmisellä ei siten ole mitään pätevyyttä ja auktoriteettia määritellä, miten Jumalan tulisi toimia. Ihmisellä on vain vapaus valita uskoako vai ei.

6. Israel

Tiedostan, että vuosikymmeniä jatkunut konflikti Israelin ja sen naapureiden välillä on äärimmäisen monimutkainen kokonaisuus eikä ole ratkaistavissa millään yksinkertaisella tavalla. Kirjoitankin ensisijaisesti vain yhdestä näkökulmasta: Juutalaisvaltiolla on moraalinen oikeus olla olemassa.

Muistutan lukijoitani siitä, että kaikkia ihmisiä on lupa arvostella, kun he syyllistyvät vääryyksiin. Näin ollen nykyisen Israelin valtion politiikkaa saa kritisoida, ilman että ansaitsee tulla leimatuksi antisemitistiksi. Vastaavasti Lähi-idässä harjoitettu terrorismi tulee voida tuomita ilman, että joutuu syytetyksi islamofobiasta.

Luulen, ettei yksikään maa jaa mielipiteitä yhtä jyrkästi kuin Israel. Suurella osalla ihmisistä tuntuu olevan taipumus vaatia juutalaisvaltiolta enemmän kuin miltään muulta maalta. Tähän on monia syitä.

Usein tuodaan esille, että Israel on Lähi-idän ainut demokratia ja sen täytyy toimia ihanteidensa mukaisesti. Sen naapurimailta ei vaadita samaa, koska ne eivät edusta länsimaisia arvoja millään tavalla. Tämä on yhtä epäoikeudenmukaista, kuin olisi vaatia luokan parhailta oppilailta aina esimerkillistä käyttäytymistä ja sallia luokan huonosti käyttäytyvien oppilaiden jatkavan entisellä tyylillään.

Toinen esimerkki kahden eri mittatikun käyttämisestä olisi jättää sarjamurhaaja tuomitsematta liikennerikkomuksesta tai varkaudesta ja passittaa näihin syyllistynyt muuten esimerkillinen kansalainen ilman oikeudenkäyntiä vankilaan.

31

Ei pitäisi olla mahdollista heittäytyä moraalisten vaatimusten toteuttamisessa alempaan sarjaan ja välttää kritiikki, joka kohdistuu parhaansa yrittäviin. Silti näin vaikuttaa tapahtuvan Lähi-idän konfliktin osapuolten käsittelyssä: Israelilta vaaditaan selvästi enemmän kuin sen naapureilta.

Toisaalta tämän päivän Israel on korkean teknologian maa ja tästä syystä taloudellisesti hyvin menestyvä, mitä ei voi sanoa kaikista Lähi-idän valtioista. Tämä saattaa aiheuttaa kateutta, mutta sen ei pitäisi olla peruste vaatia Israelilta enemmän kuin muilta.

Monet myös tuntuvat projisoivan Raamattua ja kristinuskoa kohtaan tuntemansa antipatiat Israeliin, mikä saa heidät asettamaan maalle korkeat moraaliset vaatimukset. Kristityillä, jotka näkevät Israelissa vain Jumalan omaisuuskansan, saattaa olla osuutensa tässä. Liian usein on puolustettu Israelia ja sen harjoittamaa politiikkaa vetoamalla Raamattuun.

Raamattu tekee toki selväksi, että juutalaiset ovat Jumalan valittu kansa. Sen, joka tähän uskoo, ei tarvitse ummistaa silmiään siltä, että juutalaiset ovat vain ihmisiä ja ovat tehneet paljon pahaa. Tämä käy selvästi ilmi myös Raamatun kertomuksista, joissa kerrotaan rehellisesti myös vääryyksistä, joihin valittu kansa on kollektiivisesti ja yksilötasolla syyllistynyt.

En ryhdy luettelemaan Raamatussa kerrottuja pahoja tekoja, joihin juutalaiset ovat syyllistyneet. Kristitylle on kuitenkin selvää, että valitun kansan asema ei perustu juutalaisten muita suurempaan hyveellisyyteen, vaan Jumalan tekemään valintaan. Sen, joka uskoo tähän, täytyy hyväksyä Jumalan päätökset ja hänen perusteensa niille. Kenelläkään ihmisellä ei ole asemaa, josta käsin arvostella itse Jumalaa.

Uskominen siihen, että Jumala on valinnut Israelin omaksi kansakseen, ei kuitenkaan tarkoita, että Israelin kaikki toimet tulisi hyväksyä. Muilla mailla on oikeus esittää kriittisiäkin näkemyksiä. Valitettavasti vain oikeudenmukaisuuden ja puolueettomuuden rajat ylittyvät helposti, kun käsitellään Israelin edesottamuksia.

Usein näkee vertailtavan konfliktin aiheuttamien kuolonuhrien määriä eri puolilla. Tilanne on tyypillisesti ollut se, että palestiinalaisia on kuollut paljon enemmän kuin israelilaisia. Jokainen kuolema on valitettava, mutta ei ole mielekästä vertailla uhrien määriä ja asettaa tavoitteeksi yhtä monta kuollutta molemmin puolin.

Israelilla on moraalinen oikeus puolustaa maa-alueitaan hyökkääjiltä, jotka ovat julkisesti ilmoittaneet tavoitteekseen juutalaisvaltion tuhoamisen. Puolustautuessaan maa luonnollisesti käyttää asevoimiaan, eikä vastuullinen valtionjohto voisikaan tehdä päätöstä sallia tietyn määrän oman väestön kuolonuhreja ennen vastatoimiin ryhtymistään.

Jos terroristit käyttävät siviiliväestöä ihmiskilpenään perustamalla asevarastoja esimerkiksi sairaaloiden ja lasten päiväkotien yhteyteen ja siten aiheuttavat valtavan määrän viattomien kuolemia, tämä on valitettavaa, mutta ei muuta sitä tosiasiaa, että Israelin valtiolla on oikeus olla olemassa.

En pidä Israelia pääsyyllisenä suureen siviiliuhrien määrään, kun vaikkapa Iranin rahoittamat terroristit aloittavat sodan. On totta, että Jeesus Nasaretilainen opetti kääntämään pahantekijälle toisenkin posken, mutta sitä kehotusta voi jokainen soveltaa parhaiten omassa elämässään. Mikään eettinen vakaumus ei kiellä suojelemasta oman kansansa siviilejä. Jos ihminen on valmis kuolemaan pasifisminsa vuoksi, hänellä on minusta siihen oikeus, mutta en voi tuomita niitä, jotka asettuvat puolustamaan omaa väestöään.

Terroristit käyttävät kyynisesti puolustuskyvyttömiä siviilejä aloittamansa propagandasodan pelinappuloina. Kun siis käytetään termiä kansanmurha, oikea osoite syytökselle ei ole Israelin puolella.

Suomi ei onneksi ole joutunut sotiin pitkään aikaan, ja toivon rauhan jatkuvan. Meidän naapurimme tai maamme rajojen sisällä asuvat eivät vuosikymmeniin ole asettaneet valtiomme olemassaolon oikeutta kyseenalaiseksi. Jos niin tapahtuu tulevaisuudessa, vasta sitten voimme antaa Israelille ohjeita oman maansa puolustamisen keinoista, mutta epäilen, että silloin suomalaisilta löytyy ymmärrystä myös muille kuin aseista kieltäytyjille muissakin maissa.

Minusta kristillinen vakaumus ei velvoita puolustamaan kaikkia Israelin valtion tekemiä poliittisia päätöksiä, mutta minulla ei ole mitään syytä tuomita juutalaisvaltiota sen käyttäessä tarpeellisiksi katsomiaan keinoja puolustautuessaan.

Kuuluisan Pink Floyd -yhtyeen George Roger Waters sanoi hiljattain, että Israelissa asuvien juutalaisten tulisi muuttaa pois maastaan, jotta rauha saataisiin aikaiseksi.

Tämä antisemitistinen kannanotto on onneksi länsimaissa harvinainen reaktio Lähi-idän kriisiin. Waters tuskin sanoisi samaa, jos hänen oman maansa olemassaolo olisi uhattuna.

Olen huolissani siitä, kuinka Israeliin liittyvät tosiasiat helposti unohtuvat, kun jostain syystä tunnetaan kaunaa ja ehkä kateuttakin Israelin taloudellisen menestyksen vuoksi ja aletaan kyseenalaistaa maan ikiaikainen historia. Kristillisestä näkökulmasta Israel on äärimmäisen mielenkiintoinen maa, mutta oma rohkeuteni ei ole toistaiseksi riittänyt siellä vierailuun. Kristinuskon juuret ovat syvällä juutalaisuudessa, ja myös tulevaisuudessa Israelin rooli pysyy oletettavasti keskeisenä.

En ole varma siitä, miten niin sanottujen viimeisten aikojen tapahtumat jatkossa etenevät. Minua enemmän tietävät väittävät viimeisten aikojen alkaneen itse asiassa jo 2000 vuotta sitten, ja onhan muun muassa Israelin hajottaminen muiden kansojen sekaan edustanut dramaattisia vaiheita, mutta vielä rajumpia ennustetaan tapahtuvan Pyhällä maalla epämääräisessä tulevaisuudessa.

Jos Raamatun ennustukset käyvät toteen tulevaisuudessakin, kuten on tapahtunut monissa historian vaiheissa, merkittävin tuleva tapahtuma lienee Jeesuksen palaaminen maan päälle ja maailman hallitseminen 1000 vuoden ajan nimenomaan Israelista käsin.

Tiedän, että tällaisille ajatuksille hymähdellään, ja itsekin olen helluntailaisuudessa nähnyt ja kuullut monenlaisia villejä ja perättömiksi osoittautuneita Raamatun tulkintoja, joten en kirjoita tätä suuren varmuuden vallassa.

Silti voi pitää suurena ihmeenä jo sitäkin, että Israelin valtio perustettiin uudelleen v. 1948. Tämä tapahtui poliittisen prosessin seurauksena, joten asiassa ei tarvitse nähdä mitään yliluonnollista, ellei halua, mutta kyseessä lienee hyvin harvinainen tapahtuma.

En voi olla hämmästelemättä sitä, miten asiat ovat edenneet. Itse uskon, että tarinan seuraavatkin vaiheet noudattelevat muualla kuin ihmisten neuvottelupöydissä päätettyjä suunnitelmia.

7. Enkelit

En ole koskaan nähnyt enkeleitä, mutta minun on helppo uskoa, että sellaisia on. Kun pitää uskottavana sitä, että yliluonnollinen persoona loi ensin maailman, vaikka tiesi, miten siinä kävisi, tuli itse tänne laittamaan asiat kuntoon kuolemalla ja heräämällä henkiin, niin siinä sivussa läpäisee seulan muutama enkelikin.

Raamatussa on monia kertomuksia enkeleistä, ja heistä saa sellaisen kuvan, että vitsien vääntäminen ei ole heidän ydinosaamisaluettaan, vaan heidän fokuksensa on täydellisesti heille annetussa tehtävässä. Heitä ei voi moittia, sillä jos Jumala on jonkin tehtävän antanut, se luultavasti kannattaa hoitaa alta pois ennen mahdollisia muita puuhia.

Jumala antoi ihmisellekin tehtäväksi viljellä ja varjella maata sekä lisääntyä ja täyttää maa. Jälkimmäisen tehtävän toteuttaminen on kohtuudella onnistunutkin, kun ihmisiä on jo yli 8 miljardia. Ensimmäisen toteuttamisessa onkin sitten ollut haasteita, ellei ryöstöviljelyä lasketa.

Ja ensimmäisille kristityille annettiin myös tehtäväksi viedä evankeliumi kaikkeen maailmaan. Oletan, että se tehtävä on vielä kesken, varsinkin kun ihmiskunta lisääntyy kaiken aikaa.

Meillä kristityillä olisi siis opittavaa enkeleiltä, jotka osaavat keskittyä olennaiseen. Enkelit kuvataan joskus siivekkäiksi, mikä saattaa kuvata heidän kykyään siirtyä nopeasti paikasta toiseen. Tämä ei kuitenkaan nähdäkseni tarkoita, että amerikkalaisten megasaarnaajien tavoin pyrkisimme singahtelemaan mantereelta toiselle ja yhdestä massatapahtumasta toiseen omissa yksityiskoneissamme.

En tiedä, miten hyvin enkelit osaavat eläytyä ihmisen osaan. Kun he sanovat ensimmäisen lauseensa, se tuntuu usein olevan "Älä pelkää!" Se voi tarkoittaa ihmisen ymmärtämistä tai täydellistä tilannetajun puutetta.

Kun edessäni seisoo äkkiä kolme metriä korkea hohtava hahmo miekka kädessään, en tietenkään uskalla pelätä, jos se on nimenomaan kielletty. Yhtä helppoa on hymyillä vapautuneesti Rottweilerin omistajalle, joka on ensin kehunut lemmikkinsä 600 kilon puruvoimaa ja sitten kehottanut olemaan pelkäämättä, koska koira haistaisi pelon heti.

Mutta mihin Jumala tarvitsee enkeleitä, sillä hänhän on koko universumissa itse kaikkialla läsnä juuri tällä hetkellä? Ehkä enkelit ovat vain hänen käyntikorttinsa, sillä ihminen ei varmaankaan kestäisi hänen suoraa kohtaamistaan.

Jumala kykenee varmasti ilmestymään niin hienovaraisesti, ettei ihminen edes huomaa pelätä. Toisaalta Luoja haluaa ehkä joskus näyttää ihmiselle tilanteen olevan vakava lähettämällä taivaallisen sotajoukon ylimmän kirkausluokan kenraalin sanomaan: "Älä pelkää!"

Ehkä tilanne on osoitus Jumalan huumorintajusta, vaikka enkeli ei näkisi tilanteessa mitään huvittavaa ja ihminen pissaisi housuunsa. Kaikkivaltiaalla Jumalalla on toki oikeus toimia, niin kuin tahtoo. Jos ihmisiä pitää joskus säikytellä heidän omaksi parhaakseen, olkoon sitten niin.

Jotkut ihmiset keskittyvät vain enkeleihin tai pikemminkin omaan itse valittuun käsitykseensä heistä: "No jaa, jumalajutut ovat vähän liian rajuja ja vaativia minun makuuni. Ja synnit... Enpä tiedä. Jotenkin jeesustarina tuntuu liian veriseltä ollakseen kaunis. Ja nimenomaan kauneus on minulle tärkeää. Kimalle, höyhenenkeveä tuonpuoleisen sipaisu silloin tällöin, armon suloisuus ja elämän merkityksellisyyden ohikiitävä kokeminen. Ja voimaa vailla suuntaa, juuri minun käytettävissäni, silloin kun poskillani helmeilee kaipauksen kyyneleitä. Ei hankalia kysymyksiä tai vielä vaikeampia vastauksia, vain suojaavien siipien suhina ympärilläni."

Minun käsitykseni mukaan tuon tyyppinen enkeliusko ei välttämättä liity kristillisyyteen, vaan on osa laajempaa uususkonnollisuutta, josta en ole pätevä sanomaan enempää.

Kristillisissä piireissä olen kuitenkin tavannut toisinaan sellaista kritiikitöntä enkeliuskoa, joka ansaitsee tulla kyseenalaistetuksi. Mitä voi sanoa esimerkiksi tapauksesta, jossa ihminen väitti nähneensä enkelin tienvarressa ajankohtana, jona hän oli todistettavasti sisätiloissa tekemässä Facebook-päivityksiä? Kaiken kukkuraksi hän väitti tapauksella olleen muitakin todistajia, joista kukaan ei kuitenkaan astunut esiin vahvistamaan kertomusta.

Toivon olevani tässä pahasti väärässä, mutta välillä tuntuu, kuin jotkut näkisivät tehtäväkseen kertoa valheita Jumalan kunniaksi. Kun Korkein ei selvästi käsitä, mikä yliluonnollisuuden nälkä vaivaa rutikuivassa rationaalisuudessa riutuvia nykyihmisiä, voiko olla paha synti keksiä kauniita kertomuksia ihmisten uskon vahvistukseksi?

Usko, toivo ja rakkaus ovat kaikki tärkeitä, ja suurin niistä on rakkaus. Näistä kirjoittaessaan Paavali ei silti pitänyt totuutta vähemmän keskeisenä arvona. Excel-kristittynä haluan uskoa kaiken, mikä on totta. Joku saattaa sanoa, ettei silloin tarvita uskoa, jos jonkin asian varmasti tietää todeksi. Tämä pitää paikkansa, mutta voi myös sanoa, että totuuden apostoli ei vaella valheen vankkureissa, joita vetävät varastetut hevoset.

8. Raamattu

Ihmiset kirjoittivat Raamatun kirjat pitkän ajan kuluessa. Heistä kukaan tuskin ajatteli, että satoja ja tuhansia vuosia myöhemmin tekstit niputettaisiin yhteen sekä jaettaisiin erillisiin lukuihin ja jakeisiin. Kukaan tuskin aavisti, että kokoelma käännettäisiin tuhansille kielille ja että monille kielille toimitettaisiin lukuisia erilaisia käännöksiä.

Kirjoittajat kirjoittivat mielestään oleelliset asiat teksteihinsä uhraamatta ajatustakaan sille, että niitä tultaisiin myöhemmin käyttämään usein aivan eri tarkoituksiin, kuin mihin ne oli alun perin kirjoitettu. Kirjoittajat olisivat olleet hämmästyneitä, jos joku nykyajasta olisi siirtynyt aikakoneella taaksepäin ja tehnyt tiettäväksi, että monet tekstit tuli kirjoittaa täsmällisemmin ja loogisemmin sekä välttäen sellaisten eläinten ja kasvien nimiä, jotka eivät tuhansia vuosia myöhemmin olisi tuttuja varsinkaan niille, jotka elivät aivan erilaisissa ilmastoissa.

Kirjoittajat olivat tottuneet oman aikansa konflikteihin ja tiesivät, etteivät kaikki ikinä uskoisi heidän tuotoksiaan, mutta heille olisi ollut epämiellyttävää saada tietää, että yksittäiset sanat ja lauseet synnyttäisivät sotia ja jakaisivat ihmiset tulkintaerimielisyyksien vuoksi ryhmiksi, jotka eivät tulleet toimeen keskenään.

Kirjoittajat olisivat olleet järkyttyneitä, jos olisivat tienneet ihmisten tulevaisuudessa kiistelevän yksittäisten sanojen erilaisista vivahteista, jotka esiintyivät vain joillain kielillä ja joissain käännöksissä eivätkä ollenkaan alkuperäisissä teksteissä.

Kirjoittajat eivät olisi uskoneet korviaan, jos joku olisi kertonut heidän tekstiensä päätyvän kirjoihin, joita alettiin pitää lähes maagisina esineinä, joissa jokainen tavu henki pyhän Jumalan läsnäoloa, vaikka teksteissä jotkin lauseet olivat käännösvirheiden vuoksi tyystin muuttaneet merkitystään.

Alkuperäisten tekstien laatijoiden mielessä tuskin kävi mahdollisuus, että jotkut tulevaisuudessa tekisivät pyhästä kirjasta erehtymättömän auktoriteetin ja jumaluuden neljännen persoonan. He eivät olisi voineet ymmärtää modernin ihmisen tarvetta puristaa molemmin käsin kultakirjaimilla koristettujen nahkakansien väliin sijoitettua ikivanhojen kertomusten nippua.

Muinaiset ihmiset eivät olisi aavistaneet, että heidän kirjoituksensa olisivat joskus monille viimeinen absoluuttisen totuuden oljenkorsi, johon tarttumalla nämä pystyisivät olemaan vajoamatta kaikkialla ympäröivään postmodernin relativismin suohon. He eivät tienneet, että heidän teksteistään tulisi joillekin viimeinen ja ainoa syy elää.

Raamatun kirjoittajat eivät siis voineet ymmärtää, mihin rooleihin heidän tekstinsä myöhemmin joutuisivat. He vain kirjoittivat sen, mikä oli heidän käsityksensä mukaan totta. He pelkäsivät Jumalaa ja kuningasta enemmän kuin nykyihminen, joka on tottunut kyseenalaistamaan kaiken ja nauramaan poliittisille johtajille, jotka ovat valmiita hyväksymään television keskusteluohjelmien ja leikkimielisten visailujen kepeän ilmapiirin tullakseen valituiksi uudelleen virkoihinsa.

Raamatun kirjoittajat eivät tienneet tuottavansa pyhän kirjan tekstejä, mutta he uskoivat tekstiensä olevan totta

Jumalan ja ihmisten edessä. He eivät olisi voineet edes yrittää nähdä ennakolta modernin ihmisen mahdollisia vastaväitteitä tai muokata tekstejänsä kaikkien tulevien aikakausien jatkuvasti muuttuviin ajatusmalleihin sopiviksi. He kirjoittivat sen hetken tapahtumista pyrkien pysymään totuudessa, niin kuin he sen ymmärsivät.

Kirjoittajien rehellisyys sai heidät kuvaamaan paljon sellaistakin, mikä oli ongelmallista heidän omissakin silmissään, lukijoista puhumattakaan. He kirjoittivat tosiasioista sellaisinaan eivätkä moderniin tyyliin ensin laatineet viestintästrategiaa, tehneet kohderyhmäanalyysiä ja sitten tuottaneet viestintää, jolla kuviteltiin olevan suurin mahdollinen teho.

Muinaiset Raamatun kirjoittajat olivat kuitenkin omien tekstiensä parhaita asiantuntijoita ja tiesivät, miksi kirjoittivat ne. He olivat ennen kaikkea rehellisiä, ja siinä oli ja on tekstien voima. Nykyihmisen ei pidä vaatia entisaikojen ihmisiltä mitään muuta. Me tarvitsemme Raamatun tekstien ja historian tutkimusta voidaksemme ymmärtää paremmin niiden alkuperäistä tarkoitusta ja merkitystä. Jos emme ymmärrä niitä, vika on meissä nykylukijoissa, ei alkuteksteissä tai niiden kirjoittajissa.

Saman tinkimättömän rehellisyyden sanotaan olleen ominaista myös Raamatun tekstien kopioijille, joita on ollut lukematon määrä ennen kirjapainotaidon aikaa. Minulla ei ole mitään keinoa tarkistaa tätä itse, mutta kirjallisuudessa on kerrottu eri aikakausina kopioitujen tekstien vertailuista, jotka ovat osoittaneet erot pieniksi.

Minun on paljon helppo uskoa inhimillisen prosessin kautta syntyneisiin teksteihin, joiden eri ajoilta peräisin olevia lukuisia kopioita on löytynyt eri paikoista ja on edelleen nähtävissä ja tutkittavissa. Esimerkiksi Mormonien kirja on syntyhistorialtaan aivan erilainen: Yhden miehen sanotaan löytäneen kultalevyt, joihin kirja oli kaiverrettu. Kukaan ei tiedä, miten levyt olivat päätyneet kätköpaikkaansa, eikä levyjä ole myöhemmin löydetty.

Yksi oleellinen kysymys on se, miten Raamatun kirjoitukset päätyivät samaan kokoelmaan. Juutalaisuudessa ennen Kristusta syntyneistä kirjoituksista on juutalaisilla ja kristityillä omat kokoelmansa, joissa kirjojen järjestys ja lukumäärät poikkeavat toisistaan. Kristityt kutsuvat kokoelmaa Vanhaksi testamentiksi, juutalaiset käyttävät nimeä Tanak.

Kristuksen jälkeen syntyneitä tekstejä on koottu yhteen ns. Uudeksi Testamentiksi ensimmäisen kerran toisella vuosisadalla ja nykyisen kaltainen luettelo Raamattuun kelpuutetuista kirjoista on neljänneltä vuosisadalta.

Katolinen kirkko on hyväksynyt omaan Raamattuunsa enemmän tekstejä kuin protestantit sekä Uuden että Vanhan testamentin osalta. Ei siis ole olemassa kaikkien kristittyjen yhteisesti tunnustamaa Raamattua. Se, että näin keskeisessä asiassa ei ole päästy yhteisymmärrykseen, alleviivaa sen prosessin inhimillisyyttä, joka on johtanut Raamattu-nimisen kirjan syntyyn.

Edellä kertomistani syistä ei mielestäni ole olemassa vahvoja perusteita tulkita Raamattua kirjaimellisesti. Tämä ei silti tarkoita, etteikö kirja olisi totta.

Otan esimerkiksi luomiskertomuksen, jossa kerrotaan Jumalan luoneen kaiken viikossa. Toisaalta samassa kirjassa kerrotaan, että Jumalalle yksi päivä on kuin tuhat vuotta ja tuhat vuotta kuin yksi päivä.

Kirjaimellinen tulkinta maailmankaikkeuden luomisesta voisi siis olla se, että kaikki luotiin ihmisen yhden kalenteriviikon aikana ja edellinen viittaus Jumalan erilaiseen aika-asteikkoon tarkoittaisi jotain muuta, kuten vaikkapa sitä, että maapallon kuuden tuhannen vuoden historian jälkeen alkaa seitsemäs päivä, jona Jumala lepää eli viimeinen ajanjakso, jota usein kutsutaan tuhatvuotiseksi valtakunnaksi. Näin kaksi kirjaimellista tulkintaa voitaisiin yhdistää.

Ei-kirjaimellinen tulkinta voisi olla sellainen, että Jumala loi kaiken tavalla tai toisella, ja että emme edes tiedä Jumalan aikaskaalan pituutta. Kun hän käski maan vilistä eläviä olentoja, näin tapahtui. Oleellista ei ole, miten kauan prosessi kesti eikä se, millaisia keinoja hän käytti. Oleellista on, että hän on kaiken takana. Tämä ei ole millään tavalla ristiriidassa tieteellisen maailmankuvan kanssa, eikä kukaan voi tieteen nimissä sanoa, etteikö näkyvän maailman ulkopuolella oleva Jumala olisi voinut luoda kaikkea näkyvää.

Raamattua lukiessa ei tule tarttua lillukanvarsiin, kuten vaikkapa siihen, että Paavali näytti hyväksyvän orjuuden ja kehotti kristittyjä orjia palvelemaan isäntiään tunnollisesti eikä vähemmän ahkerasti, jos isäntänä oli toinen uskova.

Oliko orjien pitäminen sitten Paavalin mielestä oikein? Sitä on ehkä vaikea tietää varmasti. Varmaa on vain se, että orjuus tai yhteiskunnan jokin muu ilmiö tai käytäntö ei ollut kristinuskon ydinsanoman kannalta keskeistä. Oleellista oli sanoma syntien anteeksi saamisesta uskomalla Jeesukseen Kristukseen. Paavali ei halunnut vaarantaa tämän sanoman leviämistä keskittymällä sosiaalisiin reformeihin.

Paavalin voi kuitenkin ymmärtää vähintäänkin pitäneen hyvänä orjien vapauttamista sen jälkeen, kun orjia omistava ihminen oli alkanut seurata Jeesusta. Tämä käy ilmi Paavalin kirjeestä Filemonille. Ja historia osoittaa, että kristinuskolla on ollut keskeinen rooli orjuuden lakkauttamisessa länsimaissa, vaikkakin Pohjois-Amerikassa orjuutta on joskus myös perusteltu Raamatulla.

Nykyihmisen voi olla vaikea edes käsittää orjuuden luonnetta eikä se kuulu meidän aikaamme eikä sitä tule hyväksyä missään muodossa. Silti on todettava, että harva nykyihminenkään on täysin vapaa tekemään, mitä tahtoo.

Useimpien on pakko tehdä työtä elääkseen, ja ihmisellä on yläpuolellaan erilaisia organisaatioita, yrityksiä, esimiehiä ja johtajia, joita hänen on pakko palvella. Hän on toki useimmiten vapaa vaihtamaan työpaikkaa omasta aloitteestaan, mikä ei ollut orjalle mahdollista.

Samalla tavalla voidaan kritisoida Raamattua siitä, että naisen asemaa ei siinä puolusteta nykyihmisen mielestä riittävästi. Tässä pätee sama kuin orjuuskysymyksessä: Naisen asema ei ollut eikä ole vieläkään kristinuskon ydinasia. Ei ollut järkevää vaarantaa ydinsanoman menestystä sekoittamalla se poliittisiin kysymyksiin.

Mitä hyötyä olisi ollut ihmisten kannalta, jos kristin-
usko olisi johtanut vain kaikkien yhteiskunnallisten ja vä-
liaikaisten ongelmien ratkaisuun? Kaikki ihmiset olisivat
lopulta kuolleet ikinä kuulematta kristinuskon ydinsano-
maa, vaikka yhteiskunnan rakenteet olisi saatu reformoi-
tua täydellisiksi.

Oli paljon viisaampaa antaa ihmisten ensin ottaa vas-
taan sanoma sielun pelastuksesta ilman vaatimuksia yh-
teiskunnallisten rakenteiden radikaalista muuttamisesta,
sillä sanoman vastaanotettuaan he alkoivat monissa ta-
pauksissa itsekin nähdä sosiaaliset reformit kristinuskon
mukaisena kehityksenä.

Raamatun ydinsanoma on ajaton ja kulttuureista riip-
pumaton suuri kertomus siitä, kuinka Jumala pyrkii saa-
maan ihmiset vapaaehtoisesti tulemaan hänen yh-
teyteensä niissä yhteiskunnallisissa oloissa, joissa he sattu-
vat olemaan. Kaikki muu on toissijaista.

9. Ovatko kaikki uskonnot samanarvoisia?

Usein sanotaan kaikkien uskontojen johtavan samaan päämäärään, mikä se sitten onkin. Jos onnellinen elämä tämän planeetan pinnalla nähdään tärkeimmäksi tavoitteeksi, varmastikin useimpien uskontojen voi sanoa ainakin pyrkivän edistämään sitä. Onnistuminen tässä voi kuitenkin olla heikkoa joko uskonnon itsensä sisältämien väärin aseteltujen vaatimusten tai kulttuurillisten reunaehtojen vuoksi.

Jos uskontoon esimerkiksi sisältyy suora kehotus käännyttää ihmisiä tarvittaessa väkivalloin, tästä ei koidu lisää onnea maan päällä. Jos uskonnon opetukset on helppo tulkita suoraksi käskyksi vainota eri tavalla uskovia, ja kulttuurikin vielä tukee tällaista toimintaa esimerkiksi eri väestöryhmien välistä vihaa lietsomalla, ei voi sanoa sellaisen uskonnon edistävän ainakaan kaikkien osapuolien maallista hyvinvointia.

Jos uskonto vielä kieltää kaikkien ihmisten yhtäläisen arvon, on odotettavissa sosiaalisia epäkohtia. Jos taas usko suuntautuu niin totaalisesti tuonpuoleiseen tai tässä elämässä uhkaaviin katastrofeihin, että aineellisen hyvän ja kaikkien ihmisten tasa-arvon edistäminen nähdään turhaksi tai jopa turmiolliseksi, se ohjaa ihmisiä yhteiskunnallista kehitystä lamauttavaan passiivisuuteen.

Parhaimmillaan kuitenkin kaikki uskonnot tarjoavat yleisen viitekehyksen olemassaolon ymmärtämiseksi, jonkinlaista lohtua elämän vastoinkäymisissä ja muiden samanhenkisten seuraa. Näin ymmärrettynä monet uskonnot voivat olla positiivinen voima yksilön ja koko yhteiskunnan tasolla.

Mutta onko vain maallinen hyvä uskontojen tavoit-
teena? Minusta näin on harvoin. En toki voi sanoa tunte-
vani hyvin kaikkia suuria maailmanuskontojakaan, mutta
minusta näyttää siltä, että ihmisen kuoleman jälkeen
odottava todellisuus kuvataan hyvin erilaiseksi eri uskon-
noissa ja samojenkin uskontojen erilaisissa suuntauksissa.

Jos asetettu päämäärä ei ole alkuunkaan sama, on lie-
vimmillään huolimatonta ja pahimmillaan loukkaavaa
väittää kaikkien uskontojen johtavan samaan lopputulok-
seen. Joidenkin uskontojen asettamien tavoitteiden kerro-
taan silloin jäävän saavuttamattomiksi tai leimataan vää-
riksi. Epäilen, että eri uskontojen kuvat tuonpuoleisesta
vain näyttävät samantyyppisiltä niiden silmissä, jotka tor-
juvat kaikki lupaukset kuoleman jälkeisestä elämästä.

Korostan, että en yritäkään tehdä selkoa maailman
ehkä tuhansien uskontojen tuonpuoleisen kuvauksista,
vaan käsittelen lyhyesti paria esimerkkiä. Esimerkiksi ero
kristinuskon ja buddhalaisuuden välillä on valtava. Kris-
titty uskoo tai toivoo pääsevänsä taivaaseen rakastavan Ju-
malan luo, kun taas buddhalaisena ihanteena on ilman
minkäänlaisia jumalia tapahtuva valaistuminen eli nir-
vana, jossa ihmisen kärsimys loppuu elämänjanon sam-
mumisen kautta.

Muslimien paratiisi vaikuttaa enemmän miehille kuin
naisille rakennetulta ja tuntuu lupaavan enemmänkin va-
javaisesti koetun maallisen onnen täydellisempää versiota
kuin hengellistä ulottuvuutta. Islam myös opettaa paratii-
siin pääsemisen perustuvan uskonnon lakien tarkkaan

noudattamiseen, mutta Allah pidättää silti itsellään oikeu-
den tietynlaiseen mielivaltaiseen päätökseen päästää ih-
minen paratiisiin tai tuomita tämä helvettiin.
Jumalakäsityksetkin ovat siis varsin erilaiset, samoin
käsitykset syntien ja hyvin tekojen asemasta. Buddhalai-
suus ei opeta jumalista mitään, ja sitä pidetäänkin toisi-
naan enemmänkin filosofisena suhtautumistapana, kuin
uskontona. Tätä alleviivaa se, että jotkut buddhalaisuu-
teen sitoutuneet saattavat julistaa olevansa ateisteja.
Juutalaisuus, kristinusko ja islam opettavat vain yhden
jumalan olevan olemassa. Kristinuskossa tosin on hyvin
keskeistä ajatus Jumalan kolmesta persoonasta (Isä, Poika
ja Pyhä Henki). Juutalaiset ja muslimit torjuvat ehdotto-
masti Jeesuksen jumaluuden, kun kristinuskossa on kes-
keistä nimenomaan väite, että Kristus oli samaan aikaan
ihminen ja Jumala.
Eri uskontojen välisiä eroja voisi luetella loputtomiin,
mutta pätevyyteni ja tämän kirjan laajuus eivät riitä syväl-
liseen vertailuun. Oleellista mielestäni on se, että on louk-
kaus useimpia uskontoja kohtaan väittää niitä pohjimmil-
taan samoiksi. Niiden käsitykset ovat pikemminkin niin
sovittamattomissa ristiriidoissa keskenään, että ne eivät
voi loogisesti ajatellen kaikki pitää paikkaansa.
Loogisesti on mahdollista, että mikään uskonto ei
edusta totuutta, mutta yhtä hyvin saattaa olla niinkin, että
vain yksi niistä on oikeassa. Mutta kaikki niiden väitteet
eivät voi olla totta samaan aikaan.
Olen kristitty ja uskon kristinuskon opettavan ydin-
sanomassaan oikein. Tämä ei tarkoita, että kaikki kristilli-
syyteen historiallisesti tai nykyään liitettävä asiat olisivat

osa kristinuskoa. Jos syksyn tuuli kuljettaa keltaisia koivunlehtiä kirkon avoimesta ikkunasta tai ovesta sisään, niistä ei tule ikinä kristinuskon osaa, vaikka niitä ei milloinkaan siivottaisi pois, vaan annettaisiin kerääntyä kirkon käytäville levitettyjen mattojen alle, pappien kaapuihin ja Raamattujen väliin.

Kristinusko on myös usealla tavalla ainutlaatuinen uskonto, kuten kaikki muutkin. Kristinuskon erikoisuus on siinä, että se väittää Jumalan rakastavan luomaansa ihmistä niin paljon että uhrasi itsensä tämän pahojen tekojen sovitukseksi. Tällaisia väitteitä kuulee yleensä harvoin.

Jopa ylisanoja rakastavat ja valtaan pyrkivät poliitikot menevät harvoin, jos koskaan, puheissaan ja teoissaan niin pitkälle, että antavat vapaaehtoisesti itsensä surmattavaksi. Mielipidevankina viruneen, nälkälakossa olleen tai kidutetun toisinajattelijan julma teloitus ei ole verrattavissa Jeesuksen kuolemaan. Jeesuksen tapauksessa oli nimittäin kyse itse Jumalan vapaaehtoisesta kärsimisestä.

Kyllä monen ihmisenkin kuoleman voi sanoa olleen ylevä ja uhrautumista edustava, mutta Jeesus nousi kuolleista, mitä ei kukaan muu uskonnollisen tai poliittisen liikkeen edustaja ole tehnyt. Juuri ylösnousemus todisti Jeesuksen Jumalaksi. Tähän tahdon uskoa, ja sille uskomukselle on mielestäni hyvät perusteet, vaikka sitovan todisteen esittäminen onkin mahdotonta tämän elämän aikana.

Uskontoihin voi kuitenkin suhtautua myös peliteoreettisesti, vaikka en ehdotakaan seuraavaksi esittämääni mallia otettavaksi osaksi pyhiä perinteitä. Ensimmäinen lähtökohta on se, että kaikki uskonnot hyväksyvät toisten ihmisten eduksi tehdyt hyvät teot ja joidenkin mukaan ne ovat jopa kaikkein tärkeimpiä ihmisen tuonpuoleisen kohtalon kannalta. Jeesuksen seuraajan tulee elää oikein ja tehdä hyvää, joten hyvällä onnella kristitty läpäisee kaikkien muidenkin uskontojen seulat ja pääsee kuolemansa jälkeen niin hyvään paikkaan kuin kukin uskonto tohtii luvata.

Kristinusko on tässä suhteessa poikkeus: Hyvät teot eivät takaa paikkaa taivaassa, vaan ihmisen tulee uskoa Jeesukseen, jos mielii sinne. Ainut mahdollisuus päästä kristinuskon taivaaseen on siis olla kristitty. Minkään muun uskonnon edustajat eivät siis kelpaa taivaaseen vain hyvien tekojensa vuoksi, mutta kristitty saattaisi mennä heittämällä sisään toisten uskontojen taivaisiin hyvien tekojen kiintiöissä.

Peliteoreettisesti ajatellen kannattaa siis olla kristitty, jos haluaa maksimoida mahdollisuutensa ikuiseen onneen. Maallisen onnen tavoittelussa menestyminen on ollut kristityillä monena aikana ja erilaisissa kulttuureissa huomattavasti heikompaa. Mutta ihmisen maallinen elämä kestää vain muutaman kymmenen tuhannen päivän verran, kun taas ikuisuus taivaassa kestää, ..., niin, ikuisuuden. Ihmisen todellakin kannattaa olla valmis luopumaan siitä, mitä ei kuitenkaan voi pitää, saadakseen sellaista, joka on parempaa ja jota ei voi ikinä menettää.

Lopuksi muutama sana usein esitetystä kysymyksestä, kuinka ihmeessä kristinuskon ulottumattomissa elävät voisivat uskoa Jeesukseen ja pelastua. Suurin osa maailman ihmisistä syntyy kristillisen kulttuurin ulkopuolella, ja lähetystyöstä huolimatta kaikki eivät välttämättä ikinä saa kuulla kristinuskosta mitään.

Minun täytyy myöntää, etten tiedä vastausta tähän vaikeaan kysymykseen. Silti olen taipuvainen uskomaan Jumalan oikeudenmukaisuuteen. Hän näkee ja tietää kaikkien ajatukset. Me ihmiset emme.

Jostain syystä me olemme kuitenkin saaneet kuulla sanoman. Uskon meillä siten olevan suurempi velvollisuus viedä viesti siitä tietämättömille kuin näillä olisi tulla luoksemme sitä etsimään. Ainakaan emme voi väittää, ettei meille ole kerrottu Jeesuksesta, jos vastoin parempaa tietoa päätämme torjua hänet.

Muissa kuin uskon kysymyksissä tuskin jättäisimme ottamatta huomioon meille tarjotun arvokkaan opastuksen, vaikka emme tietäisi, miten muille käy. Tuskinpa kukaan siis toimisi seuraavan tarinan mukaisella tavalla arkisemmassa tilanteessa:

"Eräs mies meni marjametsään ja kohtasi ohimennen monia muitakin kulkijoita, mutta sai omien mieltymyksiensä mukaisesti olla omissa oloissaan suurimman osan aikaa. Hän ei edes nähnyt muita, ja hän vihelteli hiljaa.

Äkkiä hänen edessään mustikkamättäällä vilahti jotain valkoista. Hän kumartui tutkimaan näkemäänsä ja totesi sen olevan pieni paperinpala. Hän ojensi huokaisten väsyneen selkänsä ja nousi seisomaan paperilappu sormiensa välissä.

53

Hän luki: 'Tiedotus:20. heinäkuuta tämä metsä polte-
taan ympäristöministeriön päätöksellä siellä esiintyvien tu-
holaisten leviämisen estämiseksi. Ihmisiä kehotetaan pysy-
mään poissa metsästä kyseisenä päivänä.'
Mies vilkaisi puhelintaan ja säikähti, sillä päivämäärä oli
juuri 20.7. Mies kaatoi jostain syystä ensin marjat ämpä-
ristä maahan, kun ei tiennyt, mitä muutakaan olisi tehnyt.
Sitten hän alkoi kävellä kuumeisesti edestakaisin miettien
samalla, mitä tulisi tehdä.
Hän pohti, olivatko toiset marjastajat myös löytäneet
tiedotteen jostain marjapuskasta. Hän muisti, kuinka sat-
tumanvaraisesti hän itse oli huomannut tiedotteen. Hän
pysähtyi miettimään, mutta ei muistanut ikinä nähneensä
lehdessä mitään vastaavaa ilmoitusta. Hän tosin luki vain
urheilusivuja.
Olisiko kodin postiluukusta kolahtanut jokin asiaa esit-
televä lappu? Hän ei muistanut nähneensä sellaista. Sa-
massa hän tajusi laittaneensa jo vuosia sitten postiluukun
viereen kyltin, joka kielsi yksiselitteisesti kaiken ilmaisjake-
lun.
Hyvänen aika! Mies päätti lähteä heti varoittamaan toi-
sia marjastajia varmuuden vuoksi. Hän otti muutaman ri-
vakan askeleen, mutta pysähtyi äkisti oivallettuaan, ettei
tiennyt, missä suunnassa lähin toinen ihminen oli ollut, ja
olisiko tämä enää siellä. Ja hän oli nähnyt moniakin ihmisiä
metsässä sinä päivänä. Mies säpsähti tajutessaan, ettei
ikinä voisi varoittaa kaikkia, vaikka alkaisi huutaa villisti
ympärilleen.

Mies päätteli, että oli järkevintä kävellä autoaan kohti samalla huutaen, minkä keuhkot kestäisivät. Sitten hän äkkiä raivostui: 'On se nyt kumma, kuinka huonosti näin suuresta ja tärkeästä asiasta on tiedotettu!' Metsän reunassa olisi pitänyt olla suuret kyltit kertomassa vaarasta, mutta hän ei muistanut nähneensä sellaisia.

Mies harmitteli, kuinka epäoikeudenmukaista kaikki oli: Ehkä hän oli tässä metsässä ainut, joka tiesi, mitä oli tapahtumassa. Miksi juuri hänen olisi pitänyt alkaa varoitella toisia? Ei hän ollut koskaan ollut sellaista tyyppiä, joka olisi huutanut edes jalkapallo-otteluissa. Hän oli aina tuntenut myötähäpeää katsellessaan muuten niin säntillisten ja hillittyjen miesten lapsellista riehumista katsomossa.

Ja oliko sellainen metsän polttaminen edes laillista? Hän kaivoi puhelimen taskustaan ja yritti soittaa ainoalle tuntemalleen juristille, joka sattui olemaan hänen sisarenpoikansa. No, eipä metsässä tietenkään ollut riittävää kenttää puhelimelle. Mies sujautti sen takin taskuun ja katsoi tiedotetta uudelleen. Vasta nyt hän huomasi sen: Siinä ei ollut väliä kaksoispisteen jälkeen ja ennen ensimmäistä sanaa. Siinä oli virhe! Hän tutki ja käänteli lappua uudelleen. Äkkiä hän oli varma siitä, mitä hänen olisi pitänyt tajuta heti: Joku pilaili hänen kustannuksellaan.

Kukaan ei voisi oikeasti noin vain polttaa metsää, laiminlyödä tiedottamisen niinkin surkeasti ja jättää vielä tekstistä oleellisen välilyönnin pois! Kuinka ihmeessä hän oli saattanut mennä niin halpaan?

Mies jatkoi marjojen poimintaa, mutta oli ärtyneessä mielentilassa. Hömötiaisetkin tuntuivat pilkkaavan häntä.

Murahtaen hän asetteli kuulokkeet korvilleen ja alkoi kuunnella puhelimestaan musiikkia.

Ämpäri oli vasta puolillaan, kun hän havahtui siihen, että puiden latvat olivat liekeissä kaikkialla hänen ympärillään. Hän vilkuili ensin paniikissa eri suuntiin, lähti sitten vauhdikkaaseen juoksuun, mutta kompastui juurakkoon ja kaatui vatsalleen.

Mies tunsi kuumuuden, kun hänen keinokuituinen takkinsa syttyi tuleen, mutta savukaasut täyttivät pian armeliaasti hänen keuhkonsa, keskeyttivät aivojen hapen saannin eikä hän aistinut enää mitään."

10. Ilmastonmuutos

Ilmastonmuutos vaikuttaa uskottavalta uhkakuvalta, eikä minulla ole pätevyyttä kyseenalaistaa sen todellisuutta. Minun on kuitenkin vaikea luottaa siihen, että ennusteiden laadinnassa käytetyt ilmastomallit ovat niin tarkkoja, kuin laajojen massojen annetaan ymmärtää. Tutkijat toki itse tietävät kaikkeen mallintamiseen liittyvät suuret epävarmuudet, mutta epävarmuuksista keskustelu jää toissijaiseksi silloin, kun asiat halutaan yksinkertaistaa poliittisten päämäärien edistämiseksi.

Uskon toki, että tärkein poliittinen päämäärä on ilmastonmuutoksen torjunta, mutta mukana on koko joukko muitakin toisiinsa kietoutuneita tavoitteita. Valtiot, yritykset ja poliittiset puolueet pyrkivät käyttämään meneillään olevaa ilmastokriisiä omien etujensa ajamiseen.

Valtiot pyrkivät neuvottelemaan itselleen sellaiset ilmastosopimukset, joiden uskovat tuovan niille suhteellista etua. Yritykset taas pyrkivät menestymään uuden teollisuuden ja muun ilmastonmuutokseen liittyvän liiketoiminnan rakentamisessa. Ja poliittiset puolueet pyrkivät profiloitumaan äänestäjiensä silmissä mahdollisimman hyvin, jotta voivat vähintäänkin säilyttää valtansa, elleivät jopa onnistu parantamaan asemiaan.

Tieteessä ei ole ollut tavanomaista totuudesta äänestäminen, mutta kansainvälisessä ilmastopaneelissa (IPCC) näin on tiettävästi tapahtunut. Tämä alleviivaa sitä, että ilmastokysymys on hyvin pitkälle politisoitunut.

Koska ymmärrettävästi on haluttu saada suuret ihmismassat hyväksymään elämäntapojen muutoksen välttämättömyys, on korvattu monimutkaiset ja epävarmat tieteelliset löydöt ja teoriat karkeilla yksinkertaistuksilla. Poliittisen tarkoituksenmukaisuuden nimissä on tingitty totuudesta: Siitä, kuinka epävarmoja tehdyt laskelmat ovat.

Ilmastonmuutoksen torjunnasta onkin tullut ideologia: Tiedemiehet tai heitä siteeraavan median edustajat esittävät sellaisia ennusteita tulevaisuudesta, joita eivät voi todistaa oikeiksi. Eikä kenenkään heistä tarvitse olla v. 2100 kommentoimassa laskentamallien antamien tulosten osumatarkkuutta tai sen puutetta. Silti väitteiden kyseenalaistajat leimataan takapajuisiksi edistyksen vastustajiksi.

Suurin epävarmuus liittyy minusta ihmisten kykyyn pysäyttää maapallon lämpötilan nousu. Pääosa fossiilisten polttoaineiden käytön vähentämisyrityksistä on tehty vaurailla alueilla, jotka kuitenkin tuottavat vain osan koko planeetan hiilidioksidipäästöistä.

Kehittyvien talouksien ei toki tarvitse seurata kaikessa rikkaiden maiden huonoa esimerkkiä, vaan ne voivat siirtyä suorempaa reittiä ympäristön kanssa paremmin tasapainossa oleviin elämätapoihin. Silti on epärealistista olettaa niiden pysyvän vapaaehtoisesti köyhinä yhteisen planeettamme pelastamiseksi.

COVID-pandemian aikana opittiin korvaamaan suuri osa työmatkoista telekommunikaatioon perustuvilla etäkokouksilla, mutta lentoliikenteen volyymi on jo ylittänyt ennen pandemiaa vallinneen tason. Tässä saattaa olla tärkeä syy ilmastonmuutoksen torjunnan todennäköiseen epäonnistumiseen.

Niin kauan, kuin joudutaan valmistamaan lentokoneiden tarvitsemia polttoaineita öljystä, syntyy väistämättä myös autoihin sopivia fossiilisia polttoaineita. Niitä ei mikään voittoa tavoitteleva yhtiö ala vapaaehtoisesti varastoimaan käytettäväksi kelpaamattomana ongelmajätteenä, vaan pyrkii tietenkin myymään ne millä hinnalla hyvänsä.

Samaan aikaan, kun rikkaiden maiden liikenne sähköistyy, muualla aletaan siten käyttää enemmän fossiilisia polttoaineita. Ja kehitysmaissa tuotettu hiilidioksidi päätyy samaan yhteiseen ilmakehään, samoin kuin uima-altaan yhteen nurkkaan rajoitettu virtsaamisoikeus johtaisi koko altaan saastumiseen.

On toki alettu puhua synteettisistä polttoaineista lentokoneissa, mutta mitään konkreettista ei ole vielä tapahtunut, ja tavoitteet ovat vaatimattomia. Tavoitteena on vain, että tulevaisuudessa edes pieni osa lentokoneiden polttoaineista voisi olla synteettisiä.

Toisaalta sähköautojen tarvitsemat akut vaativat tiettyjen metallien tuotannon huomattavaa kasvattamista ja uusien kaivosten avaamista, mistä on seurauksena ympäristötuhoja.

Ihmisillä on moniakin syitä suhtautua skeptisesti puheisiin ilmastonmuutoksen torjunnasta. Yksi sellainen on se, että kaikki sitä esillä pitävät eivät aina vaikuta itsekään uskovan hiilidioksidipäästöjen vähentämiseen, sillä alan kokouksia pidetään edelleen valtaosaltaan fyysisinä tapahtumina, vaikka osa ilmastotutkijoista onkin vähentänyt lentämistään huomattavasti.

Ilmastokeskustelussa jää usein sanomatta se, miten paljon hiilidioksidipäästöt ovat vähentyneet. Syy tähän vaikenemiseen on ilmiselvä: Päästöt olivat vuonna 2024 suuremmat kuin koskaan ennen, ja trendi on koko ajan vienyt ylöspäin. Vain yksittäisinä taloudellisen taantuman vuosina päästöt ovat toisinaan vähentyneet edelliseen vuoteen verrattuna, mutta nousseet taas pian aiempaa korkeammille tasoille.

Minun oma käsitykseni on se, että ilmastonmuutosta ei onnistuta torjumaan. Sitä voidaan parhaassa tapauksessa vain hidastaa riittävästi, jotta siihen ehditään sopeutua.

Jotkut tiedemiehet ja poliitikot näkevät ilmastonmuutoksen uhkaavan ihmiskunnan olemassaoloa. Siksi he eivät arkaile maalailla synkkiäkään tulevaisuuden näkymiä, arvatenkin saadakseen huomiota ajatuksilleen ja vaikuttaakseen valtioiden poliittisiin päätöksiin.

En vastusta ilmastonmuutoksen torjuntaa osana ympäristönsuojelua, mutta toivon hartaasti, että ilmastonmuutos ei ikinä muodostu niin keskeiseksi kysymykseksi, että muut ympäristöhaasteet jäävät liiaksi taka-alalle.

Mikä voisi olla apokalyptisempi tulevaisuudenkuva kuin Raamatun Ilmestyskirjasta nouseva? Mutta jos Ilmestyskirja pitää paikkansa, ihmiskunta ei tuhoudu ilmastonmuutoksen seurauksena. Jokainen yksilö kuitenkin kuolee väistämättä jonain päivänä ja se on ihmiskunnan suurin eksistentiaalinen kysymys. Sen rinnalla ilmastonmuutos on pieni yksityiskohta. Kenenkään ei kannata antaa sen häiritä tuon suuremman kysymyksen ratkaisua omalla kohdallaan.

11. Lopunajat

Kaikki, mikä alkaa jonain hetkenä, loppuu myöhemmin. Tämän väitteen todenperäisyyden voi jokainen vahvistaa omien kokemuksiensa perusteella. Hyvä asia, kuten loma, loppuu liiankin nopeasti. Pitkäveteinen juhlapuhe taas tuntuu jatkuvan ja jatkuvan, mutta sekin loppuu aikanaan. Ihminen myös ymmärtää kuolevansa jonain päivänä. Ja hän tietää kaiken muunkin toistavan samaa kaavaa: Alku, välivaihe ja loppu. Biologinen elämä tällä planeetalla, hyvät ja huonot poliittiset järjestelmät, koko maailmankaikkeuskin loppuvat joskus, sillä ne ovat alkaneet jonain hetkenä.

Ei ole luonnollisesti helppoa määritellä tai tietää kaikkien ajallisten ilmiöiden tarkkaa syntyhetkeä, mutta sellainen on olemassa. Joskus on täytynyt syntyä ensimmäinen elävä solu, jollain hetkellä jonkun päättäjän on täytynyt nostaa kynänsä paperista allekirjoitettuaan uuden valtion tai poliittisen puolueen perustamisasiakirjan. Ja jollain hetkellä sikiön on täytynyt tulla kokonaan ulos äitinsä kehosta ja muuttua vauvaksi, jotta kätilö on voinut kirjoittaa kuulakärkikynällä vihkoon lapsen syntymähetken minuutin tarkkuudella.

Ihmisen kuoleman ajankohta voidaan varsin helposti ymmärtää hetkenä, jona sydän lyö viimeisen kerran. Mutta kaikkien asioiden loppumista ei ole aina helppoa määritellä yhtä tarkasti. Esimerkiksi Rooman valtakunnan hajoaminen kesti satoja vuosia, ja yhtenä päivänä vain todettiin, ettei sitä ollut enää olemassa, vaan aivan muut vallanpitäjät olivat tulleet tilalle.

Kun Raamatun Uudessa Testamentissa puhutaan viimeisistä päivistä, lukijalle tulee selväksi, että 2000 vuotta sitten eläneet kirjoittajat uskoivat kaiken lopun olevan hyvin lähellä ja todennäköisimmin tapahtuvan heidän elämänsä aikana. Eikä heitä voi moittia siitä, sillä he, kuten kaikki muutkin ihmiset heitä ennen ja heidän jälkeensä, ovat eläneet hyvin erikoisia aikoja. Koko ensimmäisten kristittyjen tuntemaa maailmaa hallitsi brutaaleista otteistaan tunnettu Rooma, jonka keisarit alettiin jossain vaiheessa julistaa jumaliksi heidän hautaamisensa yhteydessä.

Kristityt eivät luonnollisesti mukautuneet keisarikulttiin, ja heitä alettiin vainota. Aika oli kristittyjen silmissä siis hyvin paha. Oli varsin luonnollista olettaa kaiken lopun olevan lähellä, varsinkin kun itse Jeesus oli kehottanut heitä olemaan valmiit hänen pikaiseen paluuseensa.

Sama traditio on jatkunut jo 2000 vuotta. Kaikkina aikoina on ollut riittävästi merkkejä ihmisen pahuudesta ja muita uhkakuvia, jotta ajatus lähellä olevasta Jeesuksen paluusta ja sitä seuraavasta maailman loppunäytöksestä on tuntunut kristityistä lohdulliselta. Sodat ovat riehuneet lähes kaiken aikaa jossain, ja historian pahin pandemia lienee ollut 1300-luvulla jyllännyt musta surma, jonka seurauksena kolmasosa tai jopa puolet eurooppalaisista menehtyi.

Vauhti on vain kiihtynyt ns. moderniin aikaan tultaessa. 1900-luvulla käytiin kaksi maailmansotaa, ja 1940-luvulla opittiin valmistamaan atomipommeja, ja ensimmäistä kertaa historiassa ihmisellä oli totaalisen tuhon mahdollisuus napin painalluksen päässä.

V. 1948 perustettiin uudelleen Israelin valtio, mikä on ollut monille Kristityille tärkeä ajan merkki. Myös muiden valtioiden eri vaiheissa on nähty usein ennusmerkkejä lähestyvästä kaiken lopusta.

Totaalisen ydinsodan rinnalle on tullut koko ihmiskunnan olemassaoloa uhkaavaksi tekijäksi maapallon luonnonvarojen rajallisuus suhteessa yhä kasvavaan väestöön. Kolmantena ja tuoreimpana tulokkaana ihmisen eksistentiaalisten uhkakuvien joukossa on ilmastonmuutos, jonka sanotaan aiheutuvan suurelta osin maapallon lämpenemisestä ilmakehän hiilidioksidipitoisuuden kasvun seurauksena.

Totaalisen tuhon aiheuttajista ydinsota on vähiten spekulatiivinen: Tiedämme varmasti, että ihmiskunta kykenee tuhoamaan itsensä atomiaseilla. Siitä ei ole ollut esillä toisistaan poikkeavia näkemyksiä. Luonnonvarojen ehtyminen ja jatkuva väestönkasvu eivät ole yhtä yksiselitteisiä ja varmoja uhkakuvia, sillä raaka-aineiden tarve muuttuu teknologioiden muuttuessa ja niiden saatavuutta on mahdotonta ennustaa tarkasti, koska uusia esiintymiä löydetään edelleen.

Ilmastonmuutos on tosiasia puhtaasti tilastojen valossa, ja epävarmaa onkin vain ihmisen kyky torjua se. Mahdollisuudet näyttävät heikoilta.

Ihmisillä on siis nykyään, kuten ennenkin, suuria ongelmia ratkaistavinaan. Uutta on se, että pessimistisimpiä profetioita esittävät näinä aikoina sekulaarit tiedemiehet, kun taas kristityt näkevät vielä toivoa. Kun tutkijat varoittavat totaalisen tuhon mahdollisuudesta, Raamattuun uskova voi perustellusti kehottaa panemaan jäitä hattuun.

Raamatun merkittävin lopunaikoja käsittelevä osuus eli Ilmestyskirja ei nimittäin ennusta täyttä tuhoa tälle planeetalle eikä sen elämälle.

Ilmestyskirjassa ennustetut ympäristötuhot ovat toki katastrofaalisia laajuudessaan, mutta tärkeimpänä huolena nähdään ihmisten pahuus: Suurienkaan kärsimysten kohdatessa ihmiskunta ei ole halukas kääntymään Luojansa puoleen eikä pyytämään anteeksi pahoja tekojaan.

Ne, jotka kuitenkin suostuvat tekemään parannuksen, joutuvat koko maailmassa valtaa pitävän Antikristuksen vainoamaksi, ja heidät tapetaan. Heidän sielunsa kuitenkin pelastuvat.

Kaikki nämä hirvittävyydet tapahtuvat vain seitsemän vuotta kestävän ns. vihan ajan kuluessa. Kristityt tulkitsevat ilmestyskirjaa tältäkin osin monilla eri tavoilla. Osa katsoo, että Jeesus käy ensin salaa hakemassa uskovat pois maailmasta. Tätä kutsutaan ns. ylöstempaukseksi. Vasta tämän jälkeen alkaa monen kristityn mielestä ns. vihan aika. Toiset taas ovat sitä mieltä, että uskovatkin joutuvat käymään vihan ajan läpi kokonaan tai ainakin puoliksi.

Jotkut taas ovat sitä mieltä, että Ilmestyskirja ei sisällä ollenkaan nykyajalle tarkoitettuja ennustuksia, vaan kaikki kerrottu viittaa muinaiseen Rooman valtakuntaan tai on symbolinen kuvaus uskovan hengellisistä taisteluista.

Itse en katso olevani pätevä ottamaan kantaa näihin tulkintaerimielisyyksiin, mutta otan silti Ilmestyskirjan vakavasti. Kun katsoo maailman tapahtumia, on helppo uskoa kaiken lopun olevan lähellä. Ilmestyskirja sisältää kuitenkin selvästi paljon symboliikkaa, enkä tiedä, mitkä osuudet siitä on tarkoitettu otettavaksi kirjaimellisesti, jos mikään osa.

Monet asiat ovat aivan viime vuosikymmeninä kehittyneet parempaan suuntaan ainakin länsimaissa. Esimerkiksi terveydenhoito ja ympäristönsuojeluun panostaminen ovat paremmalla tolalla kuin ennen. Yksilönvapaudet ovat lisääntyneet. Henkirikokset ovat vähentyneet Suomessa tasaisesti viime sotien jälkeen.

Ihmisen elämä on kuitenkin nykyään aina vain keinotekoisempaa, virtuaalisempaa ja biologisesta todellisuudesta vieraantuneempaa. Useimpien ammatit ovat kaukana luonnollisesta, jos sillä ymmärretään biologisten tarpeiden suoraa täyttämistä.

Ruoka voidaan tilata internetistä valmiina, ja vain harva kykenee enää itse viljelemään maata tai teurastamaan karjaeläintä. Itsekin olen uusavuton kaupunkilainen, joka menehtyisi ensimmäisten joukossa, jos monimutkainen yhteiskuntarakenteemme äkkiä romahtaisi ja ravinnon jakeluketjut lakkaisivat toimimasta.

Tiedemiehet ovat tutkineet muinaisten kulttuurien nousua ja tuhoutumista, ja niille kaikille vaikuttaa olleen yhteistä muuttuminen jatkuvasti monimutkaisemmiksi lopun lähestyessä. Meidän oma aikamme täyttää tämän tunnusmerkin hyvin. Se ei toki välttämättä merkitse sitä, että koko maailmanhistoria kulkee kohti pikaista loppuaan. On mahdollista, että jälkeemme tulee vielä useita sivilisaatioita. Pidän sitä kuitenkin epätodennäköisenä kahdesta syystä.

Ensinnäkin maailmamme on alueellisista suuristakin kulttuurieroista huolimatta monella tavalla yhteen sidottu kokonaisuus, joka on riippuvaisempi teknologiasta kuin mikään aiempi sivilisaatio. Ihminen ei ole ikinä ennen pitänyt niin montaa itse tuottamaansa totaalisen tuhon myrkkypilleriä kädessään eikä ole aiemmin päässyt yhtä lähelle planeetan asettamia puhtaasti fyysisiä kasvun rajoja.

Ja kuten kirjoitin aivan alussa, kaikki asiat loppuvat joskus. Jonkin sivilisaation on joskus oltava viimeinen. Mutta uskon, että kukaan meistä ei ikinä lakkaa olemasta olemassa. Kunkin yksilön on eläessään valittava tapa, jolla suhtautuu Luojaansa, josta on pohjimmiltaan täysin riippuvainen, halusi sitä tai ei.

12. Taivas

On vaikea määritellä, mikä on taivas, eikä se ehkä ole edes mahdollista. Kullakin lienee oma mielikuvansa taivaasta. Eri kieliin on keksitty aikojen saatossa erilaisia sanoja kuvaamaan Jumalaa ja hänen asuinsijaansa, taivasta, mutta vaikuttaa siltä, että nämä kaksi käsitettä ovat olleet hyvin kiinteästi yhteydessä toisiinsa. Wikipedia väittää, että suomen kielen sana taivas pohjautuu latinan sanaan Deus, Jumala.

Suomen kielessä fyysinen taivas, jossa pilvet leijuvat ja linnut liitelevät, on sama sana, kuin Jumalan asumus, mikä ei ole näin muissa tuntemissani kielissä (niitä ei ole montaa). Saman sanan käyttö on luonnollista, sillä fyysinen taivas on ihmisen näkökulmasta katsottuna ylhäällä, ja ihmiselle on ollut luonnollista ajatella maailmankaikkeuden korkeimman auktoriteetinkin olevan jossain ihmistä ylempänä.

Toki on vaikea vetää yhtäläisyysmerkkiä hengellisen ja fyysisen korkeuden välille, kun muistetaan, että maapallo leijuu tyhjän päällä, eikä avaruudessa mikään suunta ole enempää ylhäällä tai alhaalla kuin jokin toinen. Avaruudessa voidaankin yhtä hyvin puhua syvyydestä kuin korkeudesta. Henkisemmässä kielenkäytössä syvyys, korkeus ja avaruus ovatkin joskus likimain sama asia: Viisaus tai ajattelu voi olla suurta, kun se on syvää, korkeaa tai avaraa. Vastakohtana voidaan varsin usein nähdä mataluus, alhaisuus, pienuus ja ahtaus.

On helppo nähdä, että taivas ja Jumala ovat käsitteinä niin toisiinsa nivoutuneita, että niistä tulee kielellisesti

joskus synonyymeja. Kun sanotaan "Taivas, varjele!", pyy-
detään Jumalalta suojelusta. Taivas ei olisi taivas, jos se
olisi tyhjä eikä siellä olisi Jumalaa.

Samalla tavalla muutenkin usein samaistetaan johtajien
olinpaikka ja heidän edustamansa valta. Jos esimerkiksi
uutisissa raportoidaan Kremlin olevan jollain kannalla,
tarkoitetaan luonnollisesti siellä toimivaa Venäjän johtoa
eikä ensisijaisesti vain suurta linnoitusta.

Hengellisen taivaan rinnalle on arkikielessä noussut se-
kulaareja käsitteitä, jotka ovat saaneet alkunsa ylemmistä
merkityksistä. Ruoka voi hienossa ravintolassa olla suoras-
taan taivaallisen hyvää, tai suuri ja hyvin varustettu liike-
keskus saattaa tulla kutsutuksi ostosparatiisiksi. Silti to-
dellinen taivas on sellainen, jossa asuu korkeampi Jumala
kuin raha eivätkä parhaankaan kokin loihtimat herkut ole
todellisuudessa taivaallisia.

Taivaalliseksi luonnehditun aterian maallinen luonne
käy helposti ilmi, jos annos jätetään lämpimään huonee-
seen muutamaksi päiväksi pilaantumaan. Ja paraskin os-
tosparatiisi voi alkaa varsin pian väsyttää innokkaintakin
asiakasta, jos ei muuten, niin helvetillisen hälinänsä
vuoksi.

Taivaalliset ulottuvuudet eivät mahdu maallisiin sanoi-
hin, eikä taivaallisuus suostu latistumaan maalliseksi. Tai-
vas ei ole minkään näkyvän todellisuuden osa, eikä sitä voi
tutkia tieteellisesti. Taivas ei ole klubi, johon voi saada
VIP-kortin tuntemalla oikeat ihmiset. Sinne voi toivoa
pääsevänsä vain tuntemalla oikean Jumalan.

Millainen taivas sitten on? Onko kaikki siellä tylsää, ah-
distavan pitkäveteistä ja pyhää? Onko vain vatsalleen heit-
täytyminen sallittua suuruuden edessä, joka haluaa jatku-
vasti tulla muistutetuksi ikuisesta viisaudestaan, lau-
peudestaan ja äärettömästä rakkaudestaan? Onko ikui-
suus taivaassa kuin pitkäperjantai mummolassa, kun ul-
kona sataa räntää ja sisällä pitää olla hiljaa, kun isoäiti yrit-
tää toipua migreenikohtauksestaan?

Vai väreileekö taivaallinen ilma hyvyyttä, jota en ollut
ennen tiennyt olevan olemassakaan? Ympäröikö minut
siellä rakkaus, joka poistaa kaiken pelon, nostaa minut
kämmenelleen kevyesti ja rusentamatta niin kuin hyvä ih-
minen siipirikon varpusen ja kertoo, että olen vihdoinkin
kotona ja turvassa? Loistaako viisauden kirkkaus kaikki-
alla, minne katson? Kirkkaus, joka ei häikäise, vaan saa mi-
nut näkemään kaiken ensimmäistä kertaa kaikessa kau-
neudessaan?

Onko taivas ikuinen hyvyys, johon saan herätä vuosi-
kymmenten painajaisestani? Turvapaikka, jonka ovi ava-
taan minulle kodittomalle kontattuani koko elämäni pol-
vet verillä paholaisten naurusta kaikuvilla säkkipimeillä
kujilla, säikkyen hiljaisina hetkinä petojen kynsien lähes-
tyvää rapinaa, kuunnellen levottomana niiden vainua ha-
kevien kuonojen vinkunaa ja peläten niiden höyryävien ki-
tojen ahnasta hengitystä?

Onko taivas kirkkaus vailla varjoja, hymy ilman katke-
ruutta ja kyynisyyttä, valon vastaus pimeyden kysymyk-
siin, vastaus, joka hiljentää vihollisteni demoniset syytök-
set ja oman sydämeni viimeisetkin vihjailut ja viettelykset?

Saanko jättää kuluneet, bensiiniltä, oksennukselta ja ulosteelta löyhkäävät haalarini roskakoriin taivaallisen kylpylän ulkopuolelle ja peseytymisen jälkeen kietoa valkoisen kylpytakin ympärilleni?

Jos joskus pääsen osalliseksi kaikesta tuosta kokonaan ilman omia meriittejäni, uskon, että silloin viimeistään ymmärrän täysin sen, että ihmisen pelastuminen on kokonaan Jumalan aikaansaannosta.

Hyvät, syvästi hengelliset ja siitä huolimatta esimerkillisen nöyrät kristityt korostavat usein sitä, kuinka kaikki on vain Jumalan suurta armoa. Pyydän lukijoiltani anteeksi sen myöntämistä, että joskus tuollainen oman vähäpätöisyyden korostaminen tuntuu minusta epäaidolta. Vaikuttaa siltä, että toisinaan ihmiset sanovat, mitä heidän odotetaan sanovan.

Kuvitellaanpa, että joku tuollaisen hurskaan ja nöyrän lausunnon jälkeen vastaisi: "Aamen, sinä todellakaan et ansaitse pelastusta, sillä sinä olet vielä kurjempi syntinen, kuin itse aavistatkaan". Pelkäänpä, että nöyryyteni saattaisi silloin hiukan rakoilla, kun toinen syntinen noin selvästi osoittaisi olevansa minun kelvottomuudestani vakuuttunut.

Silti uskon, että se on totta: Ihminen on Jumalaan verrattuna vähäpätöinen, sillä häntä ei olisi edes olemassa, ellei häntä olisi luonut joku toinen ja suurempi persoona. Eikä hän edes ole pohjimmiltaan hyvä, mutta siitä huolimatta itse Jumala on jostain syystä halunnut nähdä kaiken vaivan pelastaakseen mahdollisimman monta hänen kaltaistaan.

70

Taivas ei olisi taivas ilman Jumalaa, eikä sitä ehkä olisi rakennettu ollenkaan, ellei ihmisten olisi alusta saakka ollut määrä asua siellä yhdessä Jumalan kanssa. Ihminen on siis avuton ja Jumalaan verrattuna pieni, mutta ei silti turha. Koko kosmisen tason megaspektaakkeli on aikanaan käynnistetty juuri ihmisen takia, mutta toki Jumalan tahdosta.

Jumala olisi ehkä teoriassa voinut valita toisin ja sanoa itselleen: "Kuule, enpä taida sittenkään viitsiä alkaa suunnitella niitä ihmisiä. Minä en yksinkertaisesti ole sellainen Jumala. Ai niin, eihän ole muita Jumalia, mutta ymmärrän toki oman pointtini: Ihmisistä olisi varmaankin vain murhetta ja vaivaa".

Jumala olisi voinut luoda erilaisia kosmoksia ajattomuutensa kuluksi ja leikkiä alkuräjähdyksillä kyllästymiseen saakka, ja mistä voimme tietää, ettei hän tehnytkin niin. Saattoi olla ihan mukavaakin kehitellä universumin ja multiversumin kokoisia dominoratoja ja katsoa, miten prosessi etenee milläkin joukolla alkuasetteluja.

Mutta, kun on tehnyt tätä kaikkea koko pitkän iättömyytensä, varmasti itse kukin toivoisi jonkun muun joskus sanovan jotain, kuten vaikkapa näin: "Olipa aikamoinen pamaus! Tuota sanoisin jo ilotulitukseksi, sillä sen verran siinä oli väriä, loistetta ja dramatiikkaa. En ole ikinä ennen nähnyt ilotulituksia, joten en edes tiedä, mitä se tarkoittaa. Mutta jokin minussa tuli iloiseksi katsellessani sitä, joten kutsun sitä ilotulitukseksi."

Jotain tuollaista Jumala on saattanut miettiä, kunnes ikuinen hymy on levinnyt ajattomuuden alusta sen äärettömän kaukaiseen loppuun ja aineettomasta rajattomuudesta seuraavaan. Jumala on silloin ehkä luonut ensin paidan, jotta kykeni käärimään hihansa ja on sitten kuuluttanut itselleen: "Tehkäämme ihminen ja rakentakaamme taivas hänelle sopivaksi".

Jumalaa kutsutaan Isäksi. Jokainen, jolla on omia lapsia, tietää, miten paljon heitä rakastaa, ja kuinka on valmis tekemään kaikkensa heidän onnensa eteen. Jokainen, jolla on ollut tai vieläkin on hyvät vanhemmat tai ainakin yksi sellainen, tietää, millaista on olla hyvän vanhemman lapsi.

Jos uskoo, että ihminen on luotu Jumalan kuvaksi, silloin on helppo nähdä hyvän vanhemman ja hänen lapsensa välisen kiintymyksen olevan lähtöisin ikuisesta Jumalasta ja peräisin ajalta ennen aikaa.

Kun tunnustaa ihmisen pienuuden maailmankaikkeuden Luojan rinnalla, on vakuuttunut siitä, että maallisten vanhempien ja heidän lastensa toisiaan kohtaan osoittama rakkaus ja hyvyys ovat korvaamattoman arvokkaita, mutta vain hetken kestäviä välähdyksiä jostain paljon suuremmasta, täydellisemmästä ja kauniimmasta. Se suuri, lopullinen ja ikuinen odottaa meitä taivaassa. Tahdon päästä sinne!

13. Helvetti

Liekit ja sietämätön kuumuus liitetään usein ajatukseen helvetistä. Niilläkin, jotka eivät usko koko paikan tai olotilan todellisuuteen, on tällainen mielikuva helvetistä. Sama kuvaus löytyy myös Jeesus Nasaretilaisen opetuksista.

Sellainenkin moderni ihminen, joka uskoo helvetin todellisuuteen, pitää usein kuvauksia vahvan vertauskuvallisina. Ensinnäkin ihmisen fyysinen ruumis lakkaisi pian olemasta olemassa sellaisissa oloissa: Se palaisi yksinkertaisesti pois.

Fysikaalisessa maailmankuvassa kuumuuden aistiminen edellyttää kuitenkin ihmisen hermoston toimintakykyisyyttä. Vain sielu voisi siis jäädä jäljelle sellaisissa oloissa, mutta miten ihmeessä sielu voisi aistia fyysisen kuumuuden?

Kuumuuden täytyy näin ajatellen siis olla vertauskuva jostain muusta. Ihmisen keho ei muutenkaan voisi kestää missään oloissa ikuisesti. Helvetin käsitteen on modernin ihmisen mielestä siten oltava vertauskuvallinen.

Itse en ole varma siitä, mitä tulisi ajatella, sillä oppi helvetistä on syntynyt ennen modernia luonnontieteellistä maailmankuvaa. Ihmiselle, joka uskoo Jumalan luoneen kaiken tyhjästä, on helppoa ajatella saman Luojan helposti kykenevän myös antamaan ihmiselle kehon, joka kestää tuhoutumatta mitä tahansa oloja ilman fyysisen kuoleman antamaa armahdusta.

Toisaalta uskon sielun ikuisuuteen, joten yhtä hyvin voin ajatella helvetin kärsimysten kohdistuvan juuri sieluun. Mutta sille, joka uskoo fysikaalisen todellisuuden syntyneen sattumalta ilman minkäänlaisen yliluonnollisen tekijän vaikutusta, lienee mahdotonta ottaa vakavasti edes ikuisen sielun olemassaoloa, sen ikuisesta kärsimyksestä puhumattakaan.

Olennaisin kysymys useimmille tuntuu olevan juuri tämä: Miten rakastava Jumala saattaisi tuomita ihmisen ikuiseen kärsimykseen? Tämä on monille syynä olla kokonaan uskomatta Jumalaan, mitä voi pitää ajatusvirheenä: Olennaisin kysymys on se, onko Jumala olemassa vai ei. Pidänkö hänestä vai en, on täysin toissijainen kysymys tuon ensimmäisen rinnalla.

Jumala ei lakkaa olemasta, jos en pidä hänestä, mutta minulle saattaa olla mahdollista julistaa oma elämäni Jumalasta vapaaksi vyöhykkeeksi. Jos torjun Jumalan, minulla on lupa tehdä niin. Jos päätän, etten koskaan tahdo olla Jumalan kanssa missään tekemisissä, hän ei tule väkivalloin elämääni, vaan sallii kuolemattoman sieluni olla erossa hänestä läpi ikuisuuden.

Jumala ei siis välttämättä ollenkaan tuomitse minua ikuiseen helvettiin, mutta minulla itselläni on valta vaatia lopullista eroa hänestä. Minua ei ole kuitenkaan luotu sellaiseksi, että kykenisin tulemaan toimeen ilman Jumalaa. Jos pyrin elämään tämän maallisen elämäni omillani, se on mahdollista, mutta tuottaa minulle kärsimystä.

Tämän fyysisen elämäni aikana minun ei tarvitse olla täysin yksin, sillä saan nauttia koko Jumalan luomasta maailmasta ja erityisesti toisten ihmisten seurasta. Ja koska ihmiset on luotu Jumalan kuviksi, en ole koskaan täysin erossa Jumalan vaikutuspiiristä, niin kauan kuin elän. Mutta kun kuolen, menetän kontaktini Jumalan luomaan maailmaan ja toisiin ihmisiin. Silloin joudun lopulliseen eroon Jumalasta, jos olen itse niin halunnut. Ja se tuottaa Jumalan yhteyteen tarkoitetussa ihmisessä suunnatonta kärsimystä.

Usein väitetään, että helvetti onkin itse asiassa yhtä kuin ikuinen ero Jumalasta. C.S. Lewis on sanonut, että ihmiselle annetaan elämän pituinen aika oppia sanomaan Jumalalle nöyrästi: "Tapahtukoon sinun tahtosi". Jos ihminen ei tähän koskaan suostu, vaan haluaa olla oman elämänsä jumala ja hallitsija, lopulta Jumala joutuu sanomaan ihmiselle: "Tapahtukoon sinun tahtosi".

Ihmisen voi siis sanoa tuomitsevan itsensä helvettiin, jos pitää paikkansa ajatus, että helvetti on ero Jumalasta. Voi kuitenkin pohtia, eikö ole mahdollista, että ihminen helvettiin päädyttyään tulee toisiin ajatuksiin. Ehkä hän havahtuu siihen, että olisi sittenkin mieluummin Jumalan luona kuin erossa hänestä. Miten Jumala suhtautuisi tällaiseen tilanteeseen? Olisiko katuminen liian myöhäistä?

Minulla ei ole mitään teoriaa siitä, voiko helvetissäkin vielä katua. Joudun luonnollisesti antamaan Jumalalle päätösvallan asiassa, vaikkei hän tarvitse minun suostumustani mihinkään. Silti minun tekee mieli kysyä, miten voi tietää, haluaako kukaan enää pois helvetistä sinne kerran jouduttuaan.

On selvää, että olosuhteet ovat helvetissä sietämättömät, mutta tahtooko kukaan sinne päätynyt koskaan myöntää valinneensa väärin. Kykenisikö kukaan siinä tilanteessa enää nöyrtymään?

Ja voisiko Jumalakaan enää siirtää ihmistä helvetistä taivaaseen? Ehkä se on loogisesti mahdotonta. Kaikkivaltiaskaan ei voi tehdä kaikkea kuviteltavissa olevaa, kuten saada aikaan sitä, että yksi plus yksi onkin kolme tai viisi. Uskon, että on olemassa absoluuttinen ja objektiivinen todellisuus, vaikken ehkä koskaan voi sitä ymmärtää. Siinä todellisuudessa asiat vain ovat tietyllä tavalla: Yksi plus yksi on kaksi, ja puiden lehdet kahisevat tuulessa, vaikkei kukaan olisi kuuntelemassa. Ehkä siinä objektiivisessa ja absoluuttisessa todellisuudessa tie helvettiin on leveä ja yksisuuntainen, eikä kukaan tule sieltä koskaan pois.

Ehkä jotkin asiat ovat yksinkertaisesti lopullisia ja pysyviä. Mahdollisesti ihmisen ikuisella kohtalolla ei ole nettikaupan tuotteille tyypillistä viikon tai parin palautusoikeutta.

Kuka voi olla varma tällaisista asioista? Maailmankaikkeuden käsittämätön koko ja ihmisen fyysiseen elämään verrattuna ikuisuutta muistuttava vaikkakin rajallinen ikä puhuvat vakavasti sen näkemyksen puolesta, että kaikkeus ei pyöri ihmisen ympärillä eikä toimi hänen ehdoillaan.

Vaikka ihminen nähdessään tähdenlennon toivoisi jotain asiaa miten intensiivisesti tahansa, toive jää todennäköisesti haaveeksi, elleivät jotkin ihmistä suuremmat prosessit ole muutenkin etenemässä ihmisen toivomaan suuntaan. Useimmat ihmiset hyväksyvätkin mukisematta sivuroolinsa kosmisessa näytelmässä. Miksi helvetti ja taivaskaan taipuisivat olemaan kullekin ihmiselle hänen toiveidensa mukaisia?

Varminta on lähteä siitä, että Jumalan kirjoittamat säännöt eivät ole neuvoteltavissa uudelleen vaan pätevät niin kauan, kuin Jumala niin tahtoo. Jos haluaa välttää helvetin ja päästä taivaaseen, on suositeltavaa ottaa korkeimman auktoriteetin ohjeet vakavasti ja toimittaa kaikki vaaditut dokumentit määräaikaan mennessä taivaalliseen virastoon eikä tuhlaa aikaa tuhoon tuomittuihin valitusprosesseihin.

14. Kuoleman rajan takana käyneet

Ihmisillä on toisinaan ollut erikoisia kokemuksia käytyään lähellä kuolemaa tai kun heidän sydämensä on jopa ehtinyt pysähtyä kokonaan, ennen kuin se on saatu elvytettyä. Jotkut ovat nähneet valoisan tunnelin, jotkut taivaan tai helvetin. Tosin jotkut eivät ole kokeneet mitään tai eivät ole herättyään ainakaan muistaneet aistineensa yhtään mitään.

Onko tällaisilla kokemuksilla todistusarvoa? En vähättele sitä, että kuoleman rajalta palaaminen tuntuu varmasti vakavalta viestiltä jo sinänsä, vaikka ei olisi kokenut muuta kuin heräämisen ja tunteen uudesta mahdollisuudesta. Kokemuksen täytyy olla vielä dramaattisempi, jos tietää aistineensa jotain fantastista tai karmaisevaa.

Minulla ei ole myöskään pätevyyttä kyseenalaistaa ihmisten kertomuksien aitoutta, vaikka jotkut ovatkin myöhemmin kertoneet sepittäneensä ainakin osan kertomastaan. Ja kuka minä olen väittämään, ettei kaikkivaltias voisi halutessaan puhua ihmiselle tällaisen kokemuksen kautta.

Toisaalta tiedän ihmisten aivojen olevan tavattoman monimutkaiset, ja en ole kuullut tai lukenut yhdenkään tutkijan väittävän aivojen fysiologian jo olevan läpikotaisin tunnettu. En ole aivotutkija, mutta minulla on suuri kunnioitus aivan tavallisen ihmisen aivoja kohtaan, vaikka niitä tarkasteltaisiin vain aineena ja monimutkaisena biologisena koneistona.

Tiedän myös joillain ihmisillä olevan luonnollisen lahjakkuuden ja harjaantumisen seurauksena poikkeuksellisia kykyjä, joita useimpien muiden on lähes mahdotonta ymmärtää. Esimerkkeinä tällaisesta ovat vaikkapa valtavalla muistikapasiteetilla tai huimalla älykkyydellä siunatut ihmiset sekä myös jonkin musiikki-instrumentin virtuoosimaisella tarkkuudella ja varmuudella hallitsevat. Myös meidän tavallisten ihmisten normaalielämän kokemukset ovat mitä hämmästyttävimmät, jos niitä pysähtyy miettimään. Aivojen valtava kapasiteetti ja keskeinen rooli kaikessa ihmisen tekemisissä ovat kiistattomia. Positiivisena esimerkkinä tästä on terveen lapsen häkellyttävän nopea uuden omaksuminen. Negatiivisena esimerkkinä on jonkin aivosairauden seurauksena tapahtuva eriasteinen ajattelu- ja liikuntakyvyn menetys.

Tässä yhteydessä on tarpeen mainita meissä kaikissa elävä käsitys tietoisuudesta, tajunnasta ja minuudesta. Olen kuullut minua enemmän tietävien kertovan, ettei tällaisten kokemusten yhteyttä aivojen biologiseen toimintaan täysin tunneta. Ja vaikka joku materialismiin taipuvainen tietoisuuden ja aivojen tutkija väittäisi kaikkien tällaisten kokemusten olevan vain illuusioita ja että kaikki voidaan selittää biologisten, fysikaalisten ja kemiallisten prosessien kautta, uskon enemmän omaan, kuin toisen illuusioihin.

Minulle itselleni on kiistattoman selvää, että ajattelen ja olen siitä tietoinen. Jos en voi luottaa tähän, kuinka voisin luottaa tutkijaan, joka väittää ihmisten elävän illuusioissa, mutta uskoo silti itse pystyvänsä riittävän selkeään ajatteluun tunnistaakseen illuusiot ja harha-aistimukset ainakin toisissa ihmisissä.

Minun on helppo uskoa Raamatun ilmoitukseen tässäkin asiassa. Se, että ihminen luotiin Jumalan kuvaksi, pitää

varmaankin ainakin sen, että ihminen kokee olevansa
minä. Jumalakin ilmoitti omaksi nimekseen "Minä olen".

Ihmisellä on siis tietoisuus, jonka luonteesta tiedemie-
het ja -naiset saavat vapaasti kiistellä, mutta itse uskon,
että tietoisuus asuu aivoissa tämän maallisen elämän ai-
kana. Tämä ei tarkoita, ettei ihmisen tajunta olisi mistään
ulkopuolisesta riippuvainen.

Tätä on mahdoton todistaa oikeaksi tai vääräksi, mutta
entä jos olemme tietoisia vain Jumalan niin salliessa? Jos
hän tahtoisi ottaa meiltä tietoisuuden pois, hän varmaan-
kin voisi tehdä niin yhtä helposti kuin ihminen poimii va-
delman pensaasta. Hän voisi milloin tahansa ottaa meiltä
biologisen elämän pois, miksi ei siis yhtä hyvin kaikkea
muutakin?

Mutta ehkäpä Jumala on päättänyt antaa meidän olla
tietoisia olentoja ikuisesti, kun kerran olemme sellaisiksi
päätyneet. Tätä taustaa vasten voisi hyvin ajatella, että täl-
lainen aivojen toiminnasta riippumaton tietoisuus voisi
tulla esille ihmisen pistäytyessä kuoleman rajan tuntu-
massa. Asia ei kuitenkaan minusta ole näin suoraviivainen.

Vaikka ihmisen sanotaankin olevan Jumalan kuva, niin
olemme sellaisina hyvin epätäydellisiä, teemme jatkuvasti
ajatusvirheitä ja pääkoppamme sanotaan olevan täynnä
valemuistoja. Kuulin kerran aivotutkijan esittävän, että tä-
män päivän tapahtumaan liittyy jo huomenna ensimmäi-
nen valemuisto.

En voi olla tästäkään aivan varma, koska elämääni ei
tutkita jatkuvasti eikä sen tapahtumia dokumentoida huo-
lellisesti. Ajatusmaailmani saa olla vapaasti täynnä vale-

muistoja, jos en kerro niistä muille ja siten altista käsityksiäni toisten kritiikille. Silti sekään ei mielestäni välttämättä tarkoita, että kaikki kokemani olisi illuusiota. Aivoni ehkä ymmärtävät todellisuuden valtaosaltaan oikein, vaikka sortuisivat toisinaan vakaviinkin virheisiin. Jos asia on näin, se tekee käsitykseni mukaan mahdolliseksi tehdä tieteellistä tutkimustyötä. Satunnaisten ajatusvirheiden vaara lienee oleellisesti pienempi, kun monta tutkijaa pohtii samaa ongelmaa ja keskustelee siitä. Tietenkään tämä ei suojaisi systemaattisilta virheiltä, jotka voisivat olla seurausta kaikkien ihmisten yleisestä kyvyttömyydestä nähdä joitain asioita oikein.

On tunnettua, että useimpia ihmisiä voidaan huiputtaa esimerkiksi silmänkääntötempuilla ja optisilla harhoilla. Ei siis olisi kaukaa haettu ajatus, että joidenkin tieteellisten havaintojen teko luotettavasti saattaisi olla ihmisille mahdotonta. Yksikään ihminen ei ehkä voisi havaita tällaista yleisinhimillistä heikkoutta.

Sitten alkuperäiseen kysymykseen: Voiko lähellä kuoleman rajaa tehtyihin havaintoihin luottaa? En uskalla sanoa tästä mitään ehdotonta, mutta itse en luota niihin kertomuksiin enempää kuin uniin.

Vaikka ihmisen aivoista riippumaton tajunta olisi todellisuutta, niin aivojen toiminta on väistämättä mukana kuvioissa heti ihmisen virotessa. Siinä vaiheessa voivat summautua yhteen ihmisen elämän aikana muodostuneet käsitykset, muutamat aistihavainnot, aivojen tuottamat tulkinnat ja mahdollisesti jokin aivan todellinenkin yliluonnollinen kokemus. Ei vain voi mitenkään tietää, mikä merkitys milläkin tekijällä on.

Itselläni ei ole kokemusta kuoleman rajalla käymisestä. Mutta jonain päivänä saan varman kokemuksen sen rajan ylittämisestä kuten kaikki muutkin. Tahdon olla silloin niin valmis, kuin ihminen voi olla.

Ehkäpä lähellä kuoleman rajaa käymisten tärkein viesti onkin tämä: Ole valmis, sillä joskus vielä ylität sen rajan palaamatta enää takaisin.

15. Kärsimys

Kuinka rakastava Jumala voi sallia kaiken kärsimyksen? Voinko edes uskoa sellaisen Jumalan olemassaoloon, kun tiedän, mitä maailmassa tapahtuu joka hetki? Tämä ns. kärsimyksen ongelma on monelle tärkeä syy torjua väitteet hyvästä Jumalasta.

Kärsimyksen ja rakastavan Jumalan samanaikaisen olemassaolon mahdollisuuden puolesta on esitetty monenlaisia argumentteja, ja ne ovat aina tuntuneet minusta vakuuttavammilta kuin yritykset torjua usko Jumalaan vedoten kärsimyksen yleisyyteen ja mielettömyyteen.

Myönnän, että kärsimyksen olemassaolo tuntuu minustakin pahalta. Erityisen vaikea minun on hyväksyä viattomien lasten osaksi tulleet kammottavuudet. Uskon useimpien ajattelevan tästä samoin, ja minusta onkin kaikkien ihmisten yhteinen velvollisuus pyrkiä minimoimaan kaikenlainen kärsimys.

Monella rintamalla onkin tapahtunut positiivista kehitystä, vaikka sitä ei aina ole helppo uskoa, kun seuraa mediassa esiintyviä uutisia. Lääketiede ja sairaanhoito ovat kehittyneet valtavasti, vaikka sairauksia ei voidakaan kokonaan poistaa. Poliisin tilastojen mukaan lapsiin kohdistuva väkivalta on Suomessa vähentynyt tasaisesti sotien jälkeen, samoin henkirikosten määrä.

Kaikkialla maailmassa asiat eivät toki ole alkuunkaan yhtä hyvällä tolalla kuin omassa maassamme. Kärsimykset eivät toisaalta näytä olevan lähellä loppumistaan Suomessakaan.

Osa kärsimyksistä on mielettömiä ja turhilta vaikuttavia, ilman että ketään voi syyttää niistä. Tällaisia edustavat

83

esimerkiksi terveydestään hyvin huolehtivia kohtaavat sairaudet. Niille ei tunnu löytyvän uskottavia selityksiä, jolloin ihmisellä on taipumus laittaa ne kaikkivaltiaan Jumalan tilille.

Toisaalta ihmiset aiheuttavat harkitusti tahallaan tai välinpitämättömyyttään tuskaa toisilleen, eikä minusta ihmisten pahoja tekoja voi laittaa Jumalan syyksi. Silti usein kysytään, miksi Jumala ei estä ihmisten tekemiä hirvittävyyksiä. Minusta selitys on siinä, että Luoja on antanut meille vapaan tahdon, ja monet käyttävät tätä valinnan mahdollisuuttaan väärin. Syy ei ole Jumalan.

Voidaan toki väittää, että vapaan tahdon antaminen pahoille ihmisille edusti harkintakyvyn puutetta Jumalan puolelta. Totuus kuitenkin on se, että kaikki ihmiset ovat pahoja, jos olosuhteet ovat huonot tai vaikka ne olisivat ideaalisetkin. Tämä on yksi Raamatun syntiinlankeemuskertomuksen viesteistä: Ideaalisissakin oloissa elävät ihmiset tekevät usein väärin.

Kenelläkään ihmisellä ei ole kykyä esittää oikeudenmukaisia vaatimuksia Jumalalle ja neuvoa häntä, koska ihminen on itsekin paha. Antaisimmeko me talousrikollisten kirjoittaa liiketoimintaa säätelevät lait tai asettaisimmeko pedofiilit ja raiskaajat oikeusistuimien tuomareiksi? Tässä pahassa maailmassa niinkin on joskus ehkä käynytkin, mutta se ei ole ollut tarkoituksellista.

Jos ja kun Jumala on selvästikin antanut ihmiselle vapaan tahdon, ihmiselle ei jää muuta vaihtoehtoa kuin pyrkiä käyttämään vapauttaan oikein. Uskon kuitenkin oikeudenmukaiseen maailmankaikkeuteen ja siihen, että me itse kukin joudumme lopulta tilille jokaisesta teostamme. Ihminen on myös vastuussa lähimmäisistään, ja hänellä on velvollisuus suojella heikkoja parhaan kykynsä mukaan. Tämä tapahtuu poliisi- ja oikeuslaitosten sekä sosiaalitoimen avulla. Kaikkea tätä ohjaavat lait ovat Suomen kaltaisissa maissa demokraattisten prosessien avulla säädettyjä. Jos kansanedustajiksi on mielestämme valikoitunut epäsopivia ihmisiä, olemme tästä kollektiivisesti vastuussa. Jumalaa ei tule syyttää siitä, jos ihmiset säätävät huonoja lakeja, varsinkaan silloin, kun poliittisiin prosesseihin tyytymättömät kansalaiset eivät itse ole valmiita osallistumaan poliittiseen toimintaan.

Pahoja asioita kuitenkin kiistattomasti tapahtuu, ja kaikki eivät niele selitystä ihmiselle annetusta vapaasta tahdosta. Kärsimyksen ongelma voidaan kuitenkin nähdä vahvana argumenttina hyvän Jumalan olemassaolon puolesta.

Voi täydellä syyllä kysyä, mihin pohjautuu odotus siitä, että oikeuden tulisi voittaa eikä syyttömien kuuluisi kärsiä. Olen varma siitä, että evoluutioteoreetikot kykenevät löytämään spekulatiivisia selitysmalleja tälle oikeudenmukaisuuden ihanteelle.

Voisi esimerkiksi väittää, että yhteiskunta, joka suojelee heikkoja, on vahvempi, kuin sortoon perustuva järjestelmä, ja lajimme menestys johtuu osittain tästä. Tätä väitettä ei voi todistaa oikeaksi. Yhtä hyvin voisi ajatella, että sääli on heikkoutta ja kilpailussa menestyvät ovat oikeutettuja ja velvollisiakin käyttämään valtaansa ja voimaansa tehdäkseen lopun heikoista yksilöistä.

Jostain tulee kuitenkin ajatus, joka lienee kaikille ihmisille yhteinen: Kärsimystä ja pahuutta ei kuuluisi olla ja niitä vastaan taistellessa on kunnioitettavaa tehdä uhrauksiakin yksilötasolla ja yhteiskunnallisesti. Uskon tämän asenteen kuuluvan läpi kaikkien kulttuurien etäisenä kaikuna ajasta ennen syntiinlankeemusta. Ihminen on paha, mutta muistaa silti vielä, mitä on hyvyys.

Ihminen on pahuudestaan huolimatta edelleen hyvän Jumalan kuva. Särkynyt kuva, joka pirstaleisenakin tietää pohjimmiltaan, mihin asemaan hänet on alun perin luotu ja asetettu. Hän tietää hyvyyden ihanteen, mutta hänen pahuutensa ilmenee siinä, että hän vaatii muilta korkeampaa moraalia kuin itseltään. Ja hän syyttää mieluummin Luojaansa kuin itseään.

Ihmisen turmeltuneisuus näkyy siinäkin, että vaikka hänen korkeat ihanteensa muistuttavat häntä hänen alkuperästään Jumalan kuvana ja hän osaa pitää kärsimystä vieraana ja alkuperäisen suunnitelman vastaisena ilmiönä, hän tekee juuri kärsimyksen olemassaolosta argumentin jumalauskoa vastaan.

Meidän tulee tehdä kaikkemme kärsimyksen minimoimiseksi tässä maailmassa, vaikka tiedämmekin, että se ei poistu elämästämme ikinä tämän maallisen vaelluksemme aikana. Tärkeintä on kuitenkin ymmärtää, että kärsimys voi parhaassa tapauksessa vetää meitä Jumalan yhteyteen, vaikka meillä kaikilla onkin kiusaus käyttää sitä todistusaineistona Jumalaa vastaan, silloinkin kun olemme itse aiheuttaneet kärsimyksemme.

16. Onko usko yksityisasia?

Erilaisissa kristillisissä suuntauksissa on toisistaan poikkeavia perinteitä sen suhteen, miten aktiivisesti yksilön oletetaan kertovan uskostaan muille ihmisille. Erityisesti ihmisen omaa henkilökohtaista päätöstä korostavissa suuntauksissa pidetään ihanteena mahdollisimman aktiivista evankeliumin levittämistä, kun taas lapsikasteen armoa ja Jumalan tekemää valintaa korostavassa kristillisyydessä tätä ei välttämättä nähdä yhtä tarpeellisena.

Käsittääkseni on varsin todennäköistä, ettei kristinusko olisi ikinä levinnyt ympäri maailman, jos alkuseurakunta olisi pitänyt uskoaan yksityisasiana. Ensimmäiset kristityt joutuivat alusta saakka kokemaan vainoja, mutta Jeesus ei ollut jättänyt heille valinnan mahdollisuutta antaessaan heille suoran käskyn viedä sanoma "kaikkeen maailmaan", joka siihen aikaan käsitti ensisijaisesti Rooman valtakunnan.

Raamatussa kerrotaan Paavalin ainakin suunnitelleen Espanjaan matkustamista, ja legendoissa väitetään Tuomaan toimineen lähetystyössä Intiassa. Varmaa on ainakin se, että varsin pian kristinuskoa alettiin levittää ympäri planeettaa, vaikkakin liian usein osana poliittista ohjelmaa ja kolonialismia. Pahimmillaan kristittyinä esiintyneet pakottivat aseilla uhaten pakanoita ottamaan kasteen.

Olen kuitenkin taipuvainen uskomaan, että kaikkea lähetystyötä ei ole ikinä tehty miekka kädessä. Mukana on todennäköisesti aina ollut vilpittömiä rakkauden ja rauhan sanoman julistajia, vaikkakin jokainen "Jumalan kunniaksi" tehty murha ansaitsee tulla tuomituksi mitä jyrkimmin. Ainakin on hyvin tiedossa, että myöhempinä aikoina miekkojen tilalle on otettu lääkärinlaukut ja tykkien sijaan apuna kristinuskon levittämisessä on ollut kaivojen poraamiseen sopiva kalusto.

Ajatus, että kristinusko pidettäisiin vain omana tietona, ei alun perin ollut ihanteena, mutta miten on nykyaikana? Vieläkin on paljon kristittyjä, jotka palavat innosta välittää evankeliumia niille, jotka eivät ole sitä ennen kuulleet, mutta on myös meitä passiivisia, jotka eivät tunnista itselleen sopivaa roolia sellaisessa toiminnassa.

Nykyaikana varsinkin länsimaissa ihmiset ovat valtaosin omaksuneet varsin yksilökeskeisen asenteen kaikkeen. Usko on niitä asioita, jotka saatetaan mieluiten piilottaa muilta, mutta kyse ei välttämättä ole siitä, että hävettäisiin tunnustautua Jeesuksen seuraajiksi.

Osaselitys vaikenemiselle voi olla myös, että liiankin herkästi pyritään välttämään uskon tyrkyttämistä niille, jotka eivät halua siitä kuulla. Uskon pitäminen yksityisasiana takaa sen, ettei kukaan joudu vastentahtoisesti käännytysyritysten kohteeksi, mutta johtaa myös siihen, etteivät kristinuskosta kiinnostuneetkaan saa tutustua tavallisten ihmisten aitoon ja omaan versioon kristinuskosta. Uskon esillä pitäminen jää tällöin helposti kirkoiksi ja seurakunniksi kutsuttujen instituutioiden varaan.

Olen varma siitä, että jokainen uskonto, poliittinen ideologia tai yleensä vain elämäntapa on helpoiten hyväksyttävissä ja omaksuttavissa, kun voi läheltä seuraten nähdä jonkun elävän niin kuin opettaa. Suurempi avoimuus kaikissa asioissa tekisi elämästä helpomman kaikille.

Yksi vaikeus nykyaikana on se, että kullakin on väitetysti oma totuutensa, jota muiden ei ole lupa häiritä. Niinpä joku saattaa vuosikaudet odottaa jonkun tulevan mukaan ratkomaan jotain henkilökohtaista ongelmaa, mutta kukaan ei tule auttamaan. Nekin, joilla olisi toimivia ratkaisuja tiedossaan, pidättäytyvät kertomasta niistä, ja toimivat näin yksilön ja hänen valinnanvapautensa kunnioittamisen nimissä.

Valitettavasti ajassamme elää myös toinen vastakkainen pyrkimys, tavoite saada omaan yhteisöön lisää jäseniä, jotka antavat yhteisön olemassaololle oikeutuksen ja sen johtajille jäsenluvun suhteessa nousevan arvostuksen. Tämä mentaliteetti saattaa johtaa siihen, että tärkeintä ei ole yhteisöön värvätyn etu vaan tämän edustama välinearvo. Tämä todellisuus on yleisessä tiedossa, mikä on omiaan sulkemaan suut ja sydämet.

Joskus ihminen saattaa tuntea itseensä kohdistuvien odotusten nousevan sietämättömän korkeiksi, jos julkisesti tunnustautuu kristityksi. On totta, että kristinuskossa on ihanteena tehdä hyviä asioita ja välttää huonoja, mutta ihmisen oma hyvyys ei kuitenkaan ikinä riitä eikä hänestä tule tässä maailmassa koskaan täydellistä.

Eettisen ja hengellisen ylivertaisuuden tavoittelu toisten ihmisten rinnalla käy raskaaksi jokaiselle. Ihmisten tulisikin jättää tuomiovalta kokonaan Jumalalle, jotta itsensä huonoiksikin tuntevat uskaltaisivat tunnustaa uskonsa.

Ihminen voi myös olla niin epävarma uskostaan, ettei halua houkutella toisia hyppimään samalle huteralle sillalle. Jos tämä on syynä uskon pitämiseen yksityisasiana, minusta se on parempi ratkaisu kuin kasvojen vääntäminen teennäiseen hymyyn ja vähän käytetyn uskon kaupittelu vain siksi, että tuntee siihen sosiaalista painetta. Minusta epävarmastakin uskosta pitäisi saada puhua. Aidosta etsinnästä on ainakin helpompi keskustella kuin ahtaassa mielessä kivikovaksi dogmatiikaksi ja erehtymättömyydeksi puristuneesta tietämättömyydestä. Rehellisyys ja aitous voittavat teeskennellyn varmuuden aina vähintään 6-0.

17. Miksi pitäisi rukoilla?

Jeesuksen seuraajat pyysivät tätä opettamaan, miten tulisi rukoilla. Isä meidän -rukous oli hänen antamansa esimerkki hyvästä rukouksesta. En tässä toista kyseistä rukousta, sillä luulen useimpien kristityssä maassa elävien kuulleen sen ainakin joskus, luultavasti useankin kerran. Monet lienevät rukoilleetkin toistuvasti Jeesuksen esimerkkiä noudattaen.

Isä meidän -rukouksessa keskitytään oleelliseen, eli aloitetaan puhuttelemalla Jumalaa kunnioittavasti ja muun muassa pyydetään Jumalan tahdon toteutumista kaikkialla. Vasta sen jälkeen tuodaan esille ihmisen toiveita.

Uskon tämän olleen malli, jota Jeesus kehotti ihmisiä noudattamaan rukouksissaan: Rukousten tulee ensisijaisesti keskittyä Jumalan tahdon toteutumisen pyytämiseen. Tämä on hämmentävää, sillä Kaikkivaltias varmasti toteuttaa tahtonsa myös ilman, että ihminen sitä pyytää, eikä toisaalta oletettavasti jätä tahtoaan toteuttamatta, vaikka pieni ihminen asettuisi sitä vastustamaan.

Jumalan sanotaan rakastavan ihmisiä ja tahtovan meille hyvää. Kaikkitietävänä hän on myös selvillä siitä, mitä tarvitsemme tai kuvittelemme tarvitsevamme. Eikö siten riittäisi yksi ainoa rukous kerran lapsuudessa? Se voisi kuulua näin: "Jumala, tapahtukoon sinun tahtosi kaikkialla ja myös minun loppuelämäni jokaisella hetkellä. Aamen."

Sitten ei tarvitsisi enää ikinä rukoilla. Voisi vapaasti keskittyä omaan elämäänsä. Miksi jokin tällaisessa ajattelussa tuntuu omituiselta?

Minusta siinä on useampikin asia väärässä asennossa. Ensinnäkin olisi epätavallista, että ihminen puhuisi isälleen tai äidilleen vain lyhyesti, harvoin ja vain siksi, että niin pitää tehdä. Jos uskoo Jumalan olevan Taivaan Isä, todennäköisesti siinä tapauksessa puhuu tälle varsin usein. Ajatus tuntuu luonnolliselta.

Toisaalta ihmisen normaaliin elämään kuuluu monenlaisia haasteita, suuria ja pieniä. Miksi en opiskelijana rukoilisi, että jaksaisin valmistautua tentteihin mahdollisimman hyvin? Miksi en rukoilisi sitäkin, että opin kaiken sen, mitä minun tulee osata pystyäkseni suoriutumaan työstäni. Miksi en kaikille matkoille lähtiessäni rukoilisi varjelusta ja pyytäisi myös ymmärrystä tehdä hyviä valintoja elämäni monissa taitekohdissa?

Useimmat, joilla on omia lapsia, ymmärtävät, mikä keskeinen merkitys ihmisille on sillä, että omat lapset menestyvät ja suoriutuvat hyvin oman elämänsä haasteista ja vastoinkäymisistäkin. Myönnän, ettei uskoni ole ikinä ollut kovin vahva, mutta minusta on silti tuntunut usein hyvältä rukoilla lasteni puolesta.

Saattaa olla niin, että Jumala ei tarvitse minun rukouksiani mihinkään, mutta pitää silti siitä, että soperran hänelle lapsellisia ajatuksiani. Itse tavallisena isänä ainakin kuuntelen mielelläni, mitä omat lapseni haluavat kertoa minulle.

Ja minulle on vaikeissa tilanteissa terveellisempää rukoilla itseäni suuremmalta taholta apua, eikä vain pyöritellä huolestuneita ajatuksia päässäni. Ajatuksia onkin joskus kutsuttu sekulaareiksi rukouksiksi, joilta puuttuu kohde.

Onko rukouksilla sitten merkitystä ihmisen toiveiden toteutumisen kannalta? Onko niistä muutakin etua kuin ihmisen mielen rauhoittuminen ja keskittyminen avun saamiseen sen sijaan, että hänen levottomat ja joskus tus-kaisetkin ajatuksensa vain sinkoilisivat sinne tänne? Saavatko rukoukset aikaan sellaista, mitä ei tapahtuisi muutenkin? Muuttaako Jumala mieltään, jos ihminen ru-koilee? Isänä saatan hyvinkin muuttaa mieltäni keskustel-tuani asioista lasteni kanssa. Ehkä Jumalakin tekee niin ai-nakin joskus.

Silti minun on vaikea uskoa, että kukaan ihminen voisi pakottaa tai painostaa Jumalaa tekemään mitään. Minusta meidän ei kannata sitä edes yrittää. Luulen, että rukoilles-sani Jumalan tahdon toteutumista minä saatan itse muut-tua enemmän ja alkaa nähdä asiat uudesta näkökulmasta.

Raamatussa puhutaan monessa kohdassa kestävästä ru-kouksesta ja siitä, ettei tule antaa liian aikaisin periksi, jos rukouksiin ei näytä tulevan mitään vastausta. Toisinaan puhutaan jopa rukoustaistelusta ja sen avulla saavutetta-vista voitoista. En vastusta enkä halveksi sellaista. Silti mi-nusta vaikuttaa siltä, että ihmisillä on joskus maagisia us-komuksia, joiden mukaan Jumala voitaisiin taivuttaa aja-maan ihmisen etua.

Pohjimmiltaan uskon siihen, että rukouksen suurin vai-kutus on se, että ihminen pääsee Taivaan Isän syliin istu-maan ja tuntee olonsa niin hyväksi, että saattaa hetkiseksi lakata kiukuttelemasta nähdessään välähdyksen jostain suuremmasta päämäärästä, kuin pelkkä vastauksen saami-nen omiin rukouksiin.

Toisinaan minusta vaikuttaa siltä, että seurakunnissa ääneen rukoileva ajattelisi enemmän ympärillään olevia ihmisiä kuin itse Jumalaa. Hän ei voi niin vain unohtaa toisten kuuntelevan arvioivasti hänen rukoustaan, vaan valitsee sanansa täyttääkseen muiden odotukset tai jopa kertoo muille oman menneen viikkonsa tapahtumista rukouksen sanoin.

Jeesus sanoi, ettei pitäisi kuvitella, että Jumala kuulee ihmisten rukoukset niiden monisanaisuuden vuoksi. Silti minusta vaikuttaa siltä, että joillain uskovilla on tapana venyttää rukouksensa mahdollisimman pitkiksi, jotta ainakin muut seurakuntalaiset antaisivat niistä pisteitä, ellei peräti itse Jumalakin.

Voi hyvin olla niin, että teen asioista liian monimutkaisia, mutta minun on helpompi olla aito rukoillessani hiljaa mielessäni. Ihmisten edessä ääneen rukoileminen houkuttelee minua esittämään hengellisempää kuin todellisuudessa olen.

18. Voiko kristitty olla rikas?

Jeesus sanoi aikanaan, että kamelin on helpompi mennä läpi neulansilmästä kuin rikkaan päästä Jumalan valtakuntaan. Raamatussa on monia muitakin viittauksia rikkaisiin ihmisiin, joiden elämä ei kelpaa esimerkiksi kenellekään. Toisaalta monet Raamatussa esikuviksi nostetut ihmiset olivat varsin varakkaita aikansa mittapuulla mitattuina, ja korkean suhteellisen statuksensa perusteella heidät voitaisiin hyvin rinnastaa modernin ajan miljardööreihin.

Onko rikkaus siis hyvä vai huono asia? Epäilen, että kaikki riippuu siitä, mikä asema omaisuudella on ihmisen elämässä. Sanotaan, että ihmisen varallisuuden ylitettyä tietyn tason se alkaa vähitellen omistaa ihmisen. Tämä saattaa olla todellinen vaara ainakin joidenkin rikkaiden elämässä.

Jos ihmisen elämän johtotähtenä on pyrkimys rikastua ja hän onnistuu siinä, on hyvin todennäköistä, että rahalla on senkin jälkeen haitallisen keskeinen merkitys hänen elämässään. Ihminen ei helposti vaihda elämänarvojaan saavutettuaan tietyn korkean taloudellisen aseman. On odotettavissa, että hän sen jälkeen jatkaa aktiivisesti omaisuutensa kartuttamista.

Pahimmassa tapauksessa rikas ei osaa ikinä olla tyytyväinen omaisuuteensa, vaan haluaa aina vähän lisää. Tämä tarve voi perustua pelkoon omaisuuden ja sen tuoman turvan mahdollisesta äkillisestä menetyksestä. Pyrkimys jatkuvaan rikastumiseen saattaa myös johtua suoranaisesta ahneudesta.

Äkkiköyhtymisen pelko ja ahneus ovat molemmat vastenmielisiä matkakumppaneita ja saattavat estää ihmistä keskittymästä tärkeämpiin asioihin. Rikas saattaa joskus laiminlyödä jopa oman perheensä tai sortua eettisesti ja juridisesti vääriin keinoihin omaisuuden kartuttamisessa. On toki selvää, että köyhyyskään ei tee ihmistä immuuniksi väärien tekojen houkutuksille. Ja on myös totta, että monet hyvin varakkaat ihmiset ovat merkittävästi ja omasta vapaasta tahdostaan auttaneet heikommassa asemassa olevia.

Onko sitten rikkailla suoranainen velvollisuus auttaa vähävaraisia, ja jos on, niin millä tavoilla? Minusta heillä on moraalinen ja eettinen velvollisuus antaa apuaan sitä tarvitseville. Ja eräässä mielessä he tekevätkin niin maksamalla veroja, mutta minusta rikkaiden verotusta ei tule kiristää niin paljon, että heidän omaisuutensa alkaa huveta.

Jos verotus on niin ankara, että kukaan ei voi rikastua, tällä on mielestäni kielteinen vaikutus ihmisten toimintaan: Kenelläkään ei ole enää henkilökohtaista motiivia rakentaa tuottavaa liiketoimintaa, jos valtio välittömästi lypsää pois liiketoiminnan taloudellisen hyödyn.

Liian ankara rikkaiden verotus ei ole olennaisesti parempi vaihtoehto kuin sosialistinen vallankumous. Molemmissa otetaan ihmisiltä väkisin pois jotakin, jonka he ovat omalla työllään, luovuudellaan ja rohkeudellaan hankkineet.

Joillain ihmisillä on taito luoda kannattavaa liiketoimintaa ja vaurautta. Poliittisen järjestelmän tulee antaa heidän käyttää taitojaan rankaisematta heitä. Rikastumisen ei kuitenkaan saa perustua heikompien hyväksikäyttöön: Valtion on estettävä tällaiset epäeettiset tavat saada liiketoiminnasta kannattavaa.

Jos liiketoiminta ei perustu heikompien riistämiseen ja yhteiskunta sallii rikastumisen rehellisten keinojen avulla nostamatta verotusta liiallisesti, osa ihmisistä rikastuu. Vasta kun näin tapahtuu, voidaan alkaa puhua rikkaiden velvollisuudesta auttaa vähävaraisempia vapaaehtoisesti.

Filantropian ihannetta ei saa kuitenkaan nostaa niin korkealle, että rikkaiden tulisi luovuttaa omaisuuttaan pois merkittävässä määrin. Jos joku luovuttaa vapaaehtoisesti pois omaisuuttaan, hän toki toimii kunnioitettavasti.

Ydinasioita ovat rikkaan velvollisuus auttaa vähempiosaisia ja se, että hän toimii näin omasta vapaasta tahdostaan. Kommunismi sanoi; "Se mikä on sinun, on minun". Kristillinen lähimmäisenrakkaus kääntää asetelman päälaelleen: "Se minkä on minun, on sinun".

Kristitty voi minun mielestäni olla hyvinkin rikas, jos varallisuus on hankittu rehellisin keinoin. Minusta ei riitä, että on noudatettu ihmisten säätämiä lakeja, vaan kristityn tulee myös olla manipuloimatta toisia lahjoittamaan rahaa tarkoituksiin, jotka palvelevat enemmän ihmisen omaa statuksen tavoittelua kuin mitään muuta.

Jos miljoonaomaisuuden kerännyt TV-pastori vetoaa tavallisten ihmisten haluun edistää kristinuskon levittämistä pyytäessään näitä lahjoittamaan varoja yksityiseen lentokoneeseen, hän toimii minusta väärin. Kukaan ihminen ei voi olla niin tärkeä tekijä Jumalan suunnitelmissa, että köyhempien ihmisten tulee ostaa tälle oma lentokone.

19. Oikeus pyrkiä vaikuttamaan politiikkaan

Jumala on luonut ihmiselle vapaan tahdon, ja ihmiset käyttävät sitä. Jotkut hyvään, toiset pahaan, mutta kukaan ei onneksi tee pelkästään huonoja päätöksiä eikä toisaalta yksikään ihminen pysty kokonaan välttämään vääriä valintoja.

Kun itse Jumala on antanut ihmisille vapauden valita, miten elävät, ei kenelläkään ihmisellä ole oikeutta tai velvollisuutta kaventaa tätä vapautta, ellei se aiheuta konkreettista haittaa muille ihmisille.

Mikäli yksilön toiminta aiheuttaa vakavia seuraamuksia toisille, ihmisillä on oikeus ja velvollisuus asettaa rajoja sille, mikä on sallittua ja mikä kiellettyä. Jos ihmiset sallisivat kaikki teot, kyseessä ei enää olisi järjestynyt yhteiskunta, vaan voitaisiin puhua anarkiasta.

Ei ole itsestään selvää, mitkä teot ja niiden seuraukset ovat niin ongelmallisia, että yhteiskunnan on pyrittävä ne estämään. Ihmisillä on tunnetusti monia eri mielipiteitä, ja demokraattisen prosessin täytyy kyetä siitä huolimatta tuottamaan kaikkia kansalaisia sitovia lakeja.

Kristityt ovat toisinaan huolestuneita tapojen ja kulttuurin muutoksista, kuten ovat useimmat muutkin ihmiset. Jokaisella on oikeus ajaa sellaisten lakien säätämistä, jotka parhaiten takaavat omien arvojen toteutumisen yhteiskunnassa.

Tätä taustaa vasten on luonnollista, että jotkut kristityt pyrkivät vaikuttamaan lainsäädäntöön poliittisen toiminnan avulla. Tämä on täysin hyväksyttävää demokratiassa. Jos ihminen edustaa arvoissaan pientä vähemmistöä, ei ole todennäköistä, että hänen ajatuksensa vaikuttavat oleellisesti säädettäviin lakeihin. Silti kristityllä on sama oikeus kuin muillakin pyrkiä vaikuttamaan päätöksiin.

Yhdenkään jotain vähemmistöä edustavan kansalaisen ei tule kuitenkaan hämmästyä, jos monet enemmistön säätämät lait ovat kehnoja hänen mielestään. Kristityt poliitikot eivät ole tässä poikkeus: Demokratiassa jokaisen on varauduttava siihen, että mikään vähemmistö ei voi vaatia enemmistöä elämään vähemmistön ehdoilla.

Kristityt eivät siten useinkaan pysty lainsäädännöllisin keinoin pakottamaan ei-kristittyjä elämään kristillisten arvojen mukaisesti, eivätkä aina pääse edes siihen, että lainsäädäntö sallii kristittyjen elää itse arvojensa mukaan.

Poliittisessa retoriikassa pyritään kuitenkin toisinaan vaientamaan kristillisten arvojen esillä pitäminen vetoamalla siihen, että uskontoa ja politiikkaa ei tule sekoittaa toisiinsa. Tällainen väite on kuitenkin yhdenlaisen poliittisen ideologian värjäämä. Yhtä hyvin voitaisiin sanoa, että politiikassa ei saa ajaa mitään ideologiaa tai että politiikassa ei tule toimia erilaisten mielipiteiden ja arvojen mukaan.

Ihmisillä on oikeus esittää ideologinen kannanotto, jonka mukaan kristinuskoa ei tule huomioida lakeja säädettäessä, mutta tämäkin on vain mielipide. Ei ole olemassa neutraalia ja kaikille yhteistä arvopohjaa, ellei sellaiseksi lueta kaikkien oikeutta ajaa itselleen tärkeitä asioita.

Toinen tapa yrittää vaientaa kristillistä politiikkaa tekevät on viitata siihen, että valtiovallan ei tule puuttua ihmisten vapauteen päättää itse asioistaan. Tämä on järjetön vaatimus, sillä valtiovallan nimenomaisena tehtävänä on huolehtia siitä, että yksilöiden toiminta on riittävästi sopusoinnussa koko yhteiskunnan intressien kanssa. Yksilön ja yhteiskunnan erilaisten pyrkimysten sovittaminen yhteen vaatii sitä, että kaikilla on oikeus sanoa omat mielipiteensä. Koko demokratia perustuu tähän. Avoimen keskustelun jälkeen äänestetään, ja enemmistön kanta voittaa.

Kun lainsäätäjät ovat päätyneet jossain poliittisessa kysymyksessä ratkaisuun, se sitoo kaikkia, vaikka se merkitsisi yksilötasolla omien verovarojen käyttöä sellaisiin tarkoituksiin, joita kansalainen itse ei hyväksy omien arvojensa pohjalta.

Olen kuullut joidenkin poliitikkojen pitävän esillä ajatusta, että lainsäätäjien tulisi vähintäänkin keskustella tarpeesta rajoittaa vanhempien mahdollisuuksia kasvattaa lapsiaan. Tällaiset vaikuttajat eivät kuitenkaan edusta neutraalia ja objektiivista arvomaailmaa, vaikka saattavat pyrkiä esittämään vaatimuksensa sellaisessa valossa.

Jos esimerkiksi ateistinen ministeri esittää, että alaikäisiä lapsia ei saa altistaa kodeissa uskonnolliselle kasvatukselle, kyseessä ei ole neutraali kannanotto, vaan yritys rajoittaa yksilön vapauksia. Tällainen rajoittaminen on perusteltua vain, jos on kiistatonta, että lasten hyvinvointi on todellisessa vaarassa. Todisteeksi tästä ei kelpaa se, että ateistisen poliitikon ajattelussa lapsen omaksumat uskonnolliset arvot ovat lapselle vahingollisia.

Yhtä hyvin kristillinen poliitikko voisi vaatia, että kodeissa ei saa opettaa ateismia. Tälliset koteihin ulottuvat vaatimukset ovat järjettömiä, ja niiden pohjalta säädettyjen lakien noudattamista olisi mahdotonta valvoa. Vanhemmat siirtävät luonnostaan ja tahtomattaankin omia ajatusmallejaan lapsiinsa. Lapsella on myöhemmin vapaus hylätä tai hyväksyä kotinsa aatteellinen perintö. Tämä on yhtä luonnollista kuin kodissa puhutun kielen tai kielten oppiminen. Kukaan ei ehdota, että lapselle ei saa puhua mitään vähemmistökieltä, vaan lapsen pitää tulla ensin täysi-ikäiseksi. Vasta sen jälkeen hän voi päättää, haluaako omaksua vanhempiensa puhuman kielen.

Erilaisten näkemysten esittämisen oikeus kuuluu kansanvaltaan, ja myös kristillisillä poliitikoilla on oikeus näkemystensä esillä pitämiseen, vaikka valtaosa kansalaisista ei jakaisi hänen arvojaan. Poliittisen toiminnan ja sananvapauden rajoittaminen on demokratian vastaista.

20. Armo

Kukaan ei milloinkaan kykene elämään täydellisesti minkäänlaisten ihanteiden mukaan. Kristityllä on tämän vuoksi ylivoimainen tuote tarjolla: Armo.

Sanan ARMO sanotaan muodostuvan seuraavien sanojen alkukirjaimista: Ansioton Rakkaus Minun Osakseni. Armo kattaa toki myös muut kuin minut. Ja jos minulle annetaan anteeksi epätäydellisyyteni ja pahuuteni, minunkin odotetaan kohtelevan toisi ihmisiä armollisesti.

Armollinen kohtelu ei tarkoita, että minulla tai jollain muulla olisi oikeus tehdä, mitä ikinä mieleen juolahtaa, hyvää tai pahaa. Kristittynä minun tulee aina karttaa pahaa ja pyrkiä tekemään hyvää.

Ymmärrän asian niin, että armo on kuin hinausauto, joka vie rikkoutuneen kulkuvälineen ilmaiseksi huoltoon. Se on kuin ambulanssi, joka vie ihmisen sairaalaan, kun tarvetta on.

Armo ei kuitenkaan automaattisesti vie ihmistä sinne, minne tämä sattuu haluamaan. Armo ei ole valkoinen limusiini, joka kuljettaa miehen herrojen klubin striptease-esitykseen tai kokaiinikerhon kekkereihin.

Armon vastaanottamiseen liittyy katuminen aivan oleellisesti. Ellei ihminen tunne tehneensä väärin, hän ei kaipaa armoakaan.

Moni ihminen tahtoisi tehdä armon saamisen ehdot tiukemmiksi kuin itse Jumala, jolta koko käsite on peräisin. Jos joku on tehnyt vilpillisen veroilmoituksen, mutta katuu sitä ja oikaisee asian, useimmat lienevät valmiita antamaan armon käydä oikeudesta. Jos mies pettää vaimoaan, mutta katuu tekoaan ja pyytää anteeksi vaimoltaan ja

Jumalalta, jotkut saattavat tehdä armon oikeutuksen riippuvaiseksi vaimon kyvystä ja halusta antaa miehelleen anteeksi.

Jos ihminen syyllistyy samaan tuomittavaan tekoon kerta toisensa jälkeen, mutta katuu joka ikinen kerta, kuinka monta kertaa hän ansaitsee armon? Vastaus on se, että hän ei ansaitse armoa ollenkaan, sillä armoa ei voi ansaita. Jumala antaa hänelle anteeksi loputtomiin, jos hän katuu ja pyytää Jumalaa olemaan armollinen.

Entä, jos ihminen on tehnyt murhan eikä hän voi enää pyytää anteeksi uhriltaan. Onko oikein, että Jumala on silti armollinen?

Ja jos kuljetaan pahuuden asteikolla yhä pidemmälle, voiko lapsen hyväksikäyttöä katuva saada anteeksi Jumalalta, vaikka kukaan ihminen ei kykenisi antamaan anteeksi?

Entä Stalin tai Hitler, jotka olivat vastuussa miljoonien ihmisten kuolemasta? Jos he olisivat katuneet, olisiko Jumala antanut heillekin anteeksi?

Käsitykseni on se, että armo riittää kaikissa tapauksissa, mutta kaikki ihmiset eivät tunne tarvitsevansa sitä, vaikka olisivat tehneet miten karmeita tekoja. Pahat teot ovat saattaneet muuttaa ihmisen sellaiseksi, että hän ei enää kykene katumaan ja näkemään itseään syyllisenä. Jos ihminen puolustelee itseään tai syyttää teoistaan toisia, en usko hänen olevan valmis ottamaan vastaan Jumalan armoa.

Mutta voiko olla oikeudenmukaista, että joku pääsee kuin koira veräjästä vetoamalla armoon, vaikka on tehnyt mitä hirvittävimpiä tekoja?

Ensinnäkään hän ei pääse pakoon tekojensa seurauksia tässä ajassa, vaan saattaa esimerkiksi joutua vankilaan sovittamaan tekojaan ihmisten laatimien lakien mukaan. Lisäksi hän on todennäköisesti itsekin ainakin osittain henkisesti rampa lopun ikäänsä. Hän ei siis pääse pakoon tekojensa seurauksia.

Jumalan armo on kuitenkin todellisuutta riippumatta siitä, miten vaikeaa tai helppoa toisten ihmisten on antaa katuvalle anteeksi.

Jeesus teki selväksi, että ihmisillä ei ole oikeutta tuomita ketään tai olla antamatta anteeksi. Syy on se, että jokainen ihminen on itse tehnyt syntiä ja tarvitsee armoa. Ihminen jää itse armoa vaille, jos suhtautuu armottomasti muihin.

LOPPU.